道聽塗說

길에서 듣고 지껄이다

민 찬

도서출판
다운샘

책 머리에

어린 시절의 이야기입니다. 연세 깊으신 노인들 입에서 옛날 중국 사람들의 이름이 좔좔 흘러나오는 것을 보고 신기하게 여긴 적이 많았습니다. 그런 기억은 대학을 다니면서도 또 대학을 마치고 나서도 드문드문 이어졌습니다. 그런데 어느 날 사마천의 책을 읽고는 그 의문이 풀렸습니다. 책 속에 그 이름들이 다 들어 있었던 것입니다. 제 어릴 적 노인들은 고전의 샘에서 퍼올린 물로 곁에 서 있는 아이의 마음까지 씻어주신 것입니다.

언제부턴가 저도 그 분들 흉내를 내보고 싶었습니다. 말을 하거나 글을 쓸 때 고전을 인용하고 싶었던 것입니다. 제가 알고 있는 옛날 노래나 옛이야기를 끌어들여 제가 가진 생각을 거기에 엮어서 풀어내고 싶었습니다. 고전문학을 통해 세상을 바라보는 일이 가능하기는 한 것인지 실험을 해보고 싶었습니다. 고전문학이 고전으로서의 자격을 갖추고는 있는지 그 점도 확인해보고 싶었습니다.

그런 생각을 갖게 된 데에는 크든 작든 이즈음의 시대 분위기가 한몫을 한 것 같기도 합니다. 특히 요즘 학생들 중에는 고전문학을 무슨 원시인이 남겨놓은 암각화인 듯 그런 표정으로 대하는 경우가 있습니다. 그럴 때면 덩달아 저도 원시인이 됩니다. 사태가 이 지경까지 몰리게 된 데에는 저처럼 굼뜬 사람들이 교육을 맡고 있었기 때문입니다. 그렇기는 하나, 부박한 시대의 탓으로 돌린다 해도 크게 꾸지람 받을 일은 아니라고 봅니다.

논어 양화편에 보면 '도청도설(道聽塗說)'이라는 말이 나옵니다. 길에서 들은 것을 그대로 길에서 말해버린다는 뜻입니다. 공자께서는 이러한 짓거리를 두고 덕을 버리는 것이라며 단호한 태도를 보인 바 있습니다. 길바닥에 떠도는 말을 듣자마자 바로 나불거린다는 것은 그것을 자신의 생각으로 가다듬을 틈이 없다는 뜻입니다. 있는 덕도 사라질 판인데 없는 덕이 새로 생겨날 리가 있겠습니까?

이 책에 실린 제 글이 바로 도청도설입니다. 길에서 듣고 길에서 지껄인 것들입니다. 저는 천성이 획기적인 것을 싫어합니다. 거대담론과 마주치면 우선 숨을 쉬는 일부터 힘들어 합니다. 남 앞에 서는 일도 부담스럽고, 또 앞에 선 사람의 말을 듣는 일도 별로 좋아하지 않는 편입니다. 그래서 관심도 몇 가지로 한정되어 있습니다. 여기 실린 글들도 그렇습니다. 모아놓고 보니 죄다 일상적인 일들뿐이었습니다.

그래서 용기를 내봤습니다. 책을 펴내는 지금 글이 지닌 시의성이 적지 않게 사라졌으나 여기서 다룬 사례들은 언제든 일어날 수 있는 일들로 판단했기 때문입니다. 도청도설이기는 하나 그래도 옛날 노래와 옛이야기들을 끌어와 곱씹어보고 되새김질해본 글들입니다. 오래 붙잡은 것일수록 먼저 마음이 가는데, 견강부회는 저도 어쩌지 못하겠습니다. 그렇기는 해도 인용 작품들이 그 글 안에서 숨 쉴 자리는 마련하지 않았을까 기대를 가져봅니다.

이번에도 도서출판 다운샘 김영환 사장의 도움을 받았습니다. 김 사장님과 저는 대학원 시절에 만나 올해로 꼭 삼십 년째 인연을 이어나가고 있습니다. 서로에게 도움이 되는 책을 만들어야 하는데 아직 그렇게 하지 못하고 있어 미안한 마음뿐입니다. 이번 책도 교정쇄를 놓고 미적거리다가 반년이 훌쩍 지나가버렸습니다. 하는 일이 매양 그렇습니다. 앞으로도 크게 달라질 것 같지는 않습니다.

끝으로 지난 십여 년 동안 제게 귀중한 지면을 허락해준 여러 매체에도 감사의 마음을 전합니다.

2013년 8월

민 찬

6 길에서 듣고 지껄이다

차 례

책머리에 • 03

도청도설, 조직경영

민막을 모르시면 하늘이 버리시나니 14
62년 전 오늘 대전 ……18
한쪽으로만 돈이 도는 사회 ……22
동네 빵집이 사라지고 있다 ……26
용과 같은 지도자 ……30
간관이 사라진 시대 ……34
경산의 마지막 황제 ……38
왕은 희언을 않는다는데 ……42
이 땅을 버리고 어디로 갈 것인가 …46
특혜채용 및 고시제 논란 ……50
사람 하나 새로 들여놓는 일 ……54
봉이 김선달에게 묻고 싶다 ……58
자우언라이 원자바오 ……62
나무들 비탈에 서 있어도 ……65
대설주의보 그 후 ……68

도청도설, 자기계발

잃어버린 감수성을 회복하는 일 ……72
새삼 고맙고 자랑스러운 한글 …………76
옛이야기 속의 노인 …………………………80
위대한 감성의 리더십 ………………………83
허난설헌, 알파걸의 또 다른 면모 …87
소제방죽의 노블레스 오블리주 ………91
작은 것을 볼 줄 안다 ………………………95
정주영 회장의 생전 모습 ………………99
책을 좋아하는 리더 …………………………103
자신의 직분에 충실한 삶 ………………106
또 하나의 우리 문자 ………………………109
열과 불열의 경계 ……………………………112
아버지의 모습 …………………………………115
아침형 인간 ……………………………………118
단지 효과 ………………………………………121

도청도설, 시대인식

호모 노마드, 멈추지 않는 인간 ······126
평생교육은 선택사항이 아니다 ·········130
가을에 찾아온 김호연재 ·····················134
세상을 바꾼 세 사람의 생각 ············138
노인들을 위한 자리는 없다 ···············142
기술과 인문학의 교차로 ·····················146
허생의 생각 연암의 생각 ··················150
세계화된 세계에서 산다는 것 ···········155
학생처장의 1월 ·································159
추사의 한글 편지 ·······························163
어른 되기 어려운 세상 ·····················166
이상한 인터넷 세상 ···························169
다시 보는 대한매일신보 ····················172
추석 전야 ···175

도청도설, 생명의식

구제역의 그림자 ……180
거타지의 후예들 ……184
처지의 차이 관점의 차이 ……188
계룡산에 해탈문이 있었다는데 ……191
환상의 눈꽃열차 ……194
스너피와 옹고집 ……197
고향무정 ……200
국립공원 할 말 있다 ……203
이국종 강아지 ……206
천상의 화원 ……209
낡고 오래된 판자 하나 ……212
걷는 행복 ……215
새울의 봄 ……218
변산반도 기행 ……221

도청도설, 지역문제

일본의 대재앙을 보며 ……………………226
달빛에 물든 백제 역사 ……………………230
역사 드라마의 영웅본색 ……………………234
지역의 문화유산 ……………………237
흐르는 강물처럼 ……………………241
화희와 치희 ……………………244
동북아의 젊은이들 ……………………247
지역균형발전론 ……………………250
서해 어장과 임경업 ……………………253
잃어버린 고향 ……………………257
기지시 줄다리기 ……………………260
그리운 금강산 ……………………263
신화 속의 고대사 ……………………266
판소리 중고제 ……………………269

도청도설, 조직경영

민막을 모르시면 하늘이 버리시나니 … 14

62년 전 오늘 대전 … 18

한쪽으로만 돈이 도는 사회 … 22

동네 빵집이 사라지고 있다 … 26

용과 같은 지도자 … 30

간판이 사라진 시대 … 34

경산의 마지막 황제 … 38

왕은 희언을 않는다는데 … 42

이 땅을 버리고 어디로 갈 것인가 … 46

특혜채용 및 고시제 논란 … 50

사람 하나 새로 들여놓는 일 … 54

봉이 김선달에게 묻고 싶다 … 58

자우언라이 원자바오 … 62

나무들 비탈에 서 있어도 … 65

대설주의보 그 후 … 68

민막을 모르시면 하늘이 버리시나니

"창업(創業)과 수성(守成) 중에 어느 것이 더 어려운가?" 어느 날 당태종(唐太宗)이 중신들을 모아놓고 의견을 물었다. 창업은 나라를 세우는 일이고 수성은 나라를 지키는 일이다. 아버지를 도와 당 제국을 건설한 당태종으로서는 이제 나라를 경영하는 일에 더 커다란 관심이 모아졌을 법도 하다. 이 말을 대선 국면이 막 지나간 이즈음의 버전으로 표현하자면 창업은 정권을 획득하는 일이고 수성은 그 정권을 유지하는 일이 될 것이다. 당태종의 질문에 방현령(房玄齡)은 "창업이 어렵사옵니다."라고 대답했다.

그러자 곁에 있던 또 한 명의 중신 위징(魏徵)이 다른 대답을 하고 나섰다. "아닙니다. 수성이 더욱 어렵사옵니다." 이에 당태종이 다음과 같이 결론을 내렸다. "방현령은 오래 전 나를 좇아 어려움을 극복하고 천하를 평정하여 오늘에 이르렀다. 창업이 어려운 것은 당연한 일이다. 위징은 나를 도와 천하의 안정에 진력하였고 오늘도 그 때문에 근심의 나날을 보내고 있다. 그러니 수성이 어려운 일이 아닐 수 없다. 생각해보면 창업은 과

거의 일이 되었으니 이제는 수성을 위해 부단히 노력해야 할 것이다."

당태종과 관련하여 널리 알려진 중국 고사의 내용이다. 당태종은 고구려를 쳐들어 온 일로 하여금 우리에게는 마뜩찮으나 저 건너 중국에서는 자국 역사상 가장 뛰어난 군주로 변함없는 평가를 받고 있는 인물이다. 당태종의 치세를 '정관의 치'라는 말로 따로 일컫기도 하거니와 그의 국가경영 방식을 정리해놓은 '정관정요(貞觀政要)'는 대표적인 제왕학의 교본으로 널리 알려져 있다. 당태종의 주변에는 방현령, 위징 말고도 두여회(杜如晦) 등 뛰어난 신하들이 여러 명 포진하고 있었다.

당태종의 고사가 빈번하게 인용되는 우리의 문학 작품에 '용비어천가'가 있다. '용비어천가'는 1445년 세종27년에 편찬을 본 장편서사시로서 세종 위의 여섯 대 조상들의 행적을 찬미한 노래로 알려져 있다. 총 125장으로 이루어진 '용비어천가'는 앞 대목에 목조, 익조, 도조, 환조 등 추증된 4대 조상들에 얽힌 신이한 이야기를 소개하고 있고, 뒤이어 태조 이성계의 눈부신 행적에 작품 분량의 반을 할애한 다음 창업에 관여한 태종의 활약상으로 후반부 20장을 엮어놓고 있다. 태조에게는 미치지 못하지만 태종에게도 적지 않은 비중을 두고 있는 것이다.

하지만 '용비어천가'에서 보다 주목해야 할 부분은 110장에서 124장까지 총 열다섯 장을 차지하고 있는 '무망장(毋忘章)'의 존재가 아닐까 싶다. '무망장'은 말 그대로 "이 뜻을 잊지 마소서.(此意願毋忘)"로 끝나는 장으로 여기에는 선조들이 고생을 해가며 나라를 세운 소중한 뜻을 잊지 말고 부디 수신에 힘을 쓸

것을 후대의 왕들에게 권면하는 내용들로 채워져 있다. 주거 사치와 의복 사치 및 음식 사치를 경계하는가 하면, 선조들이 경험한 유랑의 세월을 한시도 잊어서는 안 될 것이라는 대목도 눈에 보인다.

또한, 군령의 엄숙함을 잊지 말라는 충고 및 충신과 간신을 구분하라는 충고가 있는가 하면, 인리형제들 사이의 화목을 강조한 대목도 있고 우문(右文)정치의 중요성과 사술(邪術)에 대한 척결을 강조한 대목도 있다. 그렇지만 '무망장' 중에서도 가장 많이 우리의 눈길을 잡아끄는 것은 역시 백성을 모든 치세의 첫머리에 두고 있는 116장의 다음 대목이 아닐까 싶다. "민막(民瘼)을 모르시면 하늘이 버리시나니 이 뜻을 잊지 마소서." 백성들이 겪고 있는 고통을 외면하면 하늘도 그 임금을 버리게 된다는 이 구절에는 민생을 최우선으로 살펴야 한다는 준열한 하늘의 목소리가 담겨 있다.

이렇듯 '무망장'에는 임금의 일거수일투족에 대한 구체적이고도 상세한 충고들로 채워져 있다. 농사짓는 백성들을 위하여 농법서를 간행하고 측우기를 만드는가 하면 훈민정음까지 창제하여 백성들의 눈과 귀를 틔우도록 해준 세종께서 본래 '용비어천가'를 구상하면서 '무망장'까지 신하들에게 요구한 것인지는 확인하기 어렵다. 그렇다 하더라도 신하들이 새로운 왕조의 무궁함을 염원하고 자신들의 주군이 성군으로 거듭나기를 바라는 심정에서 절대권력의 면전을 향해 거침없이 간언을 토해내고 있다는 사실은 쉬운 일이 아니다.

따라서 '무망장'이 있는 한 '용비어천가'를 단순히 찬미의 문학, 아첨의 문학으로 규정짓는 것은 온당한 평가라고 할 수 없다. 거기에는 '정관정요'에 뒤지지 않는 이른바 정치에 관한 한 흔들림 없는 요체가 담겨 있다고 보아 마땅하다. 백성들의 삶을 생각하는 임금과 그 주위에 그를 지켜보는 신하들이 있었다는 사실, 거듭 말하건대 창업도 어려운 일이지만 수성은 더더욱 어려운 법이다. 대통령 당선인의 행보가 수성을 위한 첫걸음이 될 수 있고 또 되어야 하는 까닭이 거기에 있다.

(2012)

62년 전 오늘 대전

1950년 6월 28일, 그러니까 62년 전 오늘 대전에는 당시 대통령 이승만(李承晩)이 체류하고 있었다. 이 대통령은 그 전날 특별열차 편으로 대구로 내려갔다가 다시 북상하여 저녁 무렵쯤 대전역에 도착했다. 대통령이 서울을 떠난 것은 6월 27일 새벽이었다. 그 시각 중앙청에서는 각료회의가 진행되고 있었다고 한다. 그러니까 대통령의 행보는 단독으로 진행된 것이었다. 서울에서 대구로, 다시 대구에서 대전으로, 대통령이 갈지자 걸음을 걷고 있는 동안 중앙방송은 하루 종일 오보(誤報)를 내보내고 있었다.

6월 27일 밤 9시경 대통령이 전화를 통하여 육성으로 방송연설을 했다. "정부는 대통령 이하 전원이 평상시와 같이 중앙청에서 집무하고 있으니 국민은 군과 정부를 신뢰하고 조금도 동요함이 없이 직장을 사수하라." 대통령의 목소리를 접한 서울시민들은 안심했다. 피란을 떠나려던 차 대통령이 직접 나와 방송하는 것을 듣고는 발길을 멈추거나 되돌린 사람들도 있었을 것이다. 그러나 그때 대통령은 서울에 없었다. 대통령의 음성이 대전에서 서울로 전화선을 타고 방송이 되어 나가는 줄은 아마 귀신도 눈치를 채지 못했을 것이다.

그로부터 몇 시간이 지나지 않아 대통령은 다시 지시를 내린다. 그때가 6월 28일 새벽 2시였다. 한강인도교가 폭파되었다. 제대로 된 통제가 이루어지지 않은 상황에서 다리 위로는 피란민 행렬이 지나가고 있었다. 한밤중에 수백 수천 명의 사상자들이 발생했다. 한국전쟁 발발 나흘 만에 서울은 적의 수중으로 완전히 떨어졌다. 그 나흘 동안 대통령은 이해할 수 없는 행동을 되풀이했다. 대구로 내려갔다 다시 대전으로 올라오는가 하면, 서울에 있는 것처럼 꾸며 국민을 상대로 한 기만 방송을 했고, 급기야 피란민들이 건너가고 있는 상황에서 한강인도교를 폭파한 것이다.

대통령이 대전을 떠난 것은 7월 1일 자정 무렵이었다. 시시각각 내려오는 전황에 이 북진통일의 주창자는 재빨리 부산으로 피란길을 잡았다. 이번에도 대통령 단독이었고 역시 한밤중에 진행된 행보였다. 자고 있는 비서들을 깨워 남행을 재촉했다고 하니 그 긴박했던 주변 정황을 짐작하기 어렵지 않다. 하지만 피란길은 쉽지 않았다. 그 시각 추풍령에 공비가 출몰한다는 첩보가 날아든 것이다. 급기야 대통령의 남행은 당일날 익산 다음날 목포를 거쳐 군함을 타고 남해 바다를 길게 돌아 부산으로 이어지게 된다. 참으로 어이없는 역사의 한 토막이다.

윌리엄 딘(William F. Dean) 소장이 대전에 도착한 것은 7월 3일, 대통령이 대전을 떠난 다음 그 다음날이었다. 미국이 가장 먼저 파견한 부대가 당시 일본에 주둔하고 있던 육군 24사단인데 딘 소장은 24사단의 사단장이었다. 악천후를 뚫고 일본을 출발한 딘 소장은 관제탑과 활주로 등 기본적인 시설이 부실하기 짝이 없는 대전 비행장에 위험을 무릅쓰고 착륙을 시도했다. 그 시각 인민군 주력부대는 한강을 건넜고 뒤이어 오산, 천안, 조치원 등 우리 측 방어선을 잇달아 허물어뜨리고 있었다. 딘 소장은 대전 사수로 작전 목표를 수정하고 신탄진 철교와 금강 다리를 폭파했다. 7월 13일이었다.

7월 18일부터 20일까지 대전에서는 치열한 시가전이 전개되었다. 시가전을 치르는 사이 미24사단은 참담한 전투력 손실을 경험하고 옥천, 영동 방향으로 퇴각을 결정한다. 퇴각이 결정된 순간 딘 소장은 부관 1명, 한국인 통역 1명, 그리고 운전병 1명과 함께 대전차포를 짊어지고 인민군 탱크를 찾아다니고 있었다. 마지막 퇴로를 이끌던 딘 소장은 그러나 길을 잘못 들어 본대에 합류하지 못하고 고립되고 만다. 그 후 한 달여 동안 산속을 헤매 다니다가 전라북도 진안에서 한 한국인의 밀고로 붙들린다. 포로가 된 것이다. 종전이 된 뒤에야 풀려날 수 있었으니 그는 3년 넘게 포로 생활을 경험한 장군이 되었던 것이다.

딘 소장을 구출하기 위한 기관차를 몰다가 적의 총탄에 순직한 김재현 기관사에게 미 국방성이 특별민간봉사훈장을 수여했다는 소식이다. 7월 19일 미군 결사대원 33명과 한국인 기관사 3명이 탄 기관차가 옥천역을 출발하여 대전역에 도착했다. 대원들이 내려 역 주변을 잠시 순찰했으나 딘 소장의 모습은 보이지 않았다. 이 작전으로 미군 32명이 전사했다. 조종간을 잡은 김재현 기관사도 28세의 나이로 숨을 거두었다. 민간인 최고의 영예라는 훈장수여 소식을 듣고 김재현 기관사와 함께 포로가 된 장군 딘 소장을 기억해냈다. 논어(論語) 어디에선가 읽은 맹지반(孟之反)의 일화도 함께 떠오른다.

노나라 장수 맹지반이 싸움터에서는 언제나 앞장을 섰는데 후퇴를 하게 되자 군대의 후미를 지키다가 가장 늦게 성문으로 들어왔다. 들어오면서 주위 사람들에게 이렇게 말을 했다. "내가 뒤처지려고 한 것이 아니라 말이 너무 지쳐서 늦었습니다." 공자는 맹지반의 겸손함을 먼저 지적했지만 그가 보여준 처신이야말로 진정한 리더의 자세가 아니고 무엇이겠는가? 포로가 된 장군이 더욱 위대해 보이는 순간이다. 그런데 그때 그 시각에 우리의 대통령은……?

(2012)

한쪽으로만 돈이 도는 사회

작년 9월에 일어난 일이라고 신문은 소개하고 있다. 서울 강남의 유명 성형외과 의사 A씨의 집에 국세청 직원들이 들이닥쳤다. 탈세 혐의로 A씨의 자택을 압수수색하던 직원들은 금고와 장롱 속에 숨겨놓은 종이상자와 서류가방 안에서 20억 원이 넘는 현금 다발을 찾아냈다. 조사 결과 A씨는 수술을 받은 환자가 신용카드 대신 현금으로 결제를 하면 수술비를 깎아주는 방식으로 탈세를 한 것으로 드러났다. 유명세에 비해 볼 때 터무니없이 적은 소득신고액을 주시한 국세청에 의하여 덜미가 잡힌 것이다. 국세청 관계자의 말에 따르면 20억 원 거의 모두가 5만 원 권 다발이었다고 한다.

작년 4월에는 이런 일도 있었다. 전북 김제시 금구면의 한 시골 마을에서 86억 원이 넘는 돈이 느닷없이 발견된 사건이다. 이 거액의 돈다발은 마늘밭 한가운데에 땅속 깊이 묻혀 있다가 신고를 접수한 경찰이 현지조사를 벌임으로써 세상에 모습을 드러냈다. 땅에서 저절로 솟아났거나 뿌리를 내려 자라났을 리 없는 돈의 출처에 대해 한 동안 사회적 관심이 빗발쳤다. 나중에 경찰이 조사한 결과는 다시 한 번 더 커다랗게 사회의 파장을 불러일으켰다. 그 돈이 인터넷 불법도박 사이트를 운영하여 벌어들인 수익금이라는 사실이 드러났던 것이다.

그런데 경찰이 추가로 조사한 결과 액수가 110억 원으로 늘어났고 그 검은 뭉칫돈을 몰래 보관하면서 거기 연루된 인간들의 온갖 추잡스런 일까지 밝혀지면서 여론의 관심이 오랫동안 이어졌다. 현지 주민들은 자기들 발밑에서 일어난 해괴한 일에 대하여 도무지 갈피를 잡지 못했다. 외지인들은 또 문제의 그 마늘밭을 눈으로 직접 보겠다며 잦은 발길을 이어나갔다. 어수선한 와중에 기사 속 사진을 통해 본 마늘밭 돈다발은 모두 5만 원 권 지폐로 차곡차곡 묶여 있었다.

5만 원 권 지폐가 돌아다니지 않는다는 소식이다. 2009년 6월 첫 선을 보인 이후 누적 액수 28조 원, 총 5억6천만 장이 발행되었다고 하는데 현재 시중에 유통되는 5만 원 권은 열 장 중 여섯 장 정도라고 한다. 사실이 그렇다면 나머지 넉 장에 해당하는 5만 원 권이 어디에 있는지 소재가 분명하지 않은 것이다. 물론 그 중에는 일반인들의 지갑 안에 있거나 금융기관에 예치된 경우도 있겠지만 드러내고 싶지 않은 재산과 불법소득을 숨기려는 고약한 사람들의 금고나 장롱 혹은 방바닥이나 땅속 깊은 곳에 잠겨 있을 수도 있다. 검은 뭉칫돈일수록 그럴 가능성이 더하다는 것을 앞서 소개한 현금결제 수술비용이나 도박 사이트 불법수익금의 사례가 잘 보여준다.

돈은 '돈다'라는 동사에서 유래하였다고 한다. 확인하기 곤란한 민간어원설이기는 하나 한 곳에 머물지 않고 도는 것이 돈이고 때문에 돈은 돌아야 한다는 상식적인 생각에 비추어 볼 때 전혀 근거 없는 주장이라고 돌려세우기에는 그래도 들을 만한 구석이 있다. 역시 돈은 돌아야 한다. 돈이 돌아야 경기가 풀리고 돈이 돌아야 산업도 일어나는 법이다. 그렇기에 톱질한 박에서 꾸역꾸역 돈이 쏟아져 나오자 흥부가 좋아라고 노래를 부르지 않았던가? "얼씨구절씨구 돈 봐라 돈돈 봐라. 잘난 사람도 잘 생긴 돈 못난 사람도 잘 생긴 돈. 맹상군의 수레바퀴처럼 둥글둥글 생긴 돈……" 갇혀 있던 돈이 풀려난 것이다.

한 학기가 끝나고 다시 한 학기가 시작하면서 학생들의 얼굴도 많이 바뀌고 있다. 누구는 휴학을 하여 잠시 학업을 접어두기로 하고 또 누구는 복학을 하여 접어둔 학업을 다시 이어간다고 한다. 휴학을 하겠다고 찾아온 학생들에게 휴학 사유를 확인하며 이런저런 이야기를 나누게 되는데, 경제사정으로 휴학을 하겠다는 학생들을 대하게 되면 마음이 짠해지고 가슴이 먹먹해진다. 이번에는 등록금도 인하되고 때맞춰 국가장학금도 지급된다고 하니 다시 한 번 생각해보는 것이 어떠냐고 말은 건네 보지만 입안이 헛헛하기는 나나 그들이나 마찬가지이다. 그렇게 이번 학기에도 몇 명의 학생들이 학업을 접고 학교를 떠났다.

남아 있는 학생들 중에도 가계 곤란에 허덕이는 경우가 적지 않다. 그럭저럭 등록은 했지만 생활비와 용돈까지 부모에게 의존하기가 어려운 학생들이다. 그들은 보통 공부하는 시간과 잠자는 시간을 쪼개가며 시급 아르바이트를 해서 생활비를 충당한다. 강의시간에 꾸벅꾸벅 졸고 있는 학생들은 그들이 성실하지 못해서가 아니라 밤을 낮 삼아 새벽까지 편의점 아르바이트에 매달리는 청춘들이기 때문이다. “아프니까 청춘이다”라는 말이 있다고는 하나 이런저런 사정을 알고 난 다음부터는 그런 말은 쓰지 않기로 했다. 돈이 돌지 않거나 돈다고 하더라도 한쪽으로만 도는 사회가 빚어낸 청춘의 아픈 초상들이다.

(2012)

동네 빵집이 사라지고 있다

소설가 오정희 선생의 표현을 빌자면 내가 간직하고 있는 '유년의 뜰'에는 도넛에 대한 아련한 기억이 한 귀퉁이 남아 있다. 여덟 살 무렵의 일이다. 아버지가 도시로 직장을 옮기자 남은 식구들도 따라가게 되었다. 그런데 곧 이사를 하리라던 기대가 주춤거리기 시작했다. 시골 살림을 모조리 거두어도 도시에서는 집을 구하기가 어려웠던 것이다. 그렇게 두어 달이 지나가는 사이 아버지는 주말이 되면 잠깐씩 시골집을 다녀가시곤 했다.

그때 나는 도넛을 처음 먹어봤다. 집에 돌아온 아버지의 가방에 난생 처음 보는 빵이 들어 있었던 것이다. 하얗게 설탕을 두른 그것은 입에 대기가 무섭게 부서졌고 부서지기가 무섭게 목으로 넘어갔다. 하지만 나에게 배당된 것은 기껏해야 두 개 많으면 세 개였다. 입안에서 사르르 녹는 도넛의 여운은 다음 주말이 되어 아버지가 돌아오실 때까지 이어졌다. 세상에 그렇게도 맛 좋은 빵이 있다는 사실은 경이로운 일이었다. 전방에 걸려 있는 눈깔사탕이나 꽈배기, 기껏해야 풀빵을 사서 호호

입을 다시던 아이가 처음 맛을 본 도넛의 맛은 그 자체가 환상이었고 도시의 문명이었다.

2학년 봄 학기가 한참 지나갈 무렵 가까스로 도시로 나와 처음 뿌리를 내린 동네에는 마침 골목시장이 있었다. 골목 양편으로 어물전과 신발전과 옷가게 등이 이어져 있고 가게 앞에는 아주머니들이 들고 나온 푸성귀를 차려놓고 손님들을 기다렸다. 점포도 몇 개 되지 않아 난전에 가까웠지만 저녁에는 찬거리를 장만하러 나온 아낙들로 제법 붐비는 시장이었다. 놀이터가 없는 우리들은 장 보는 사람들 사이로 골목시장을 쏘다니는 그것이 재미였다. 그런데 어느 날, 골목시장이 끝나는 지점에 간판도 못 내걸은 빵집이 하나 문을 열었다. 반들반들한 크림빵과 우툴두툴한 곰보빵. 그 집 빵을 별로 먹어 볼 기회도 없었지만 못내 우리들을 설레게 한 것은 빵을 굽는 냄새였다. 오전 오후 하루에 두 차례씩 골목을 따라 흘러 다니던 그 기가 막힌 빵 냄새였다.

한 여름 밤이 되면 더위도 식힐 겸 중앙로로 밤공기를 쐬러 나가는 날이 있었다. 해가 떨어지면 오가는 행인들도 없고 지나가는 차도 드물었던 시절, 가물거리는 가로등 아래서 도청 공보판에 걸린 사진 구경을 하는 일이 즐거움이었다. 커다란 사진 밑에는 자세한 설명이 붙어 있어 따라가며 읽는 재미도 쏠쏠했다. 흑백사진들 사이로 간간이 걸려 있는 컬러사진은 현실감이 더해서 더욱 좋았다. 그렇지만 제일 좋은 것은 따로 있었다. 공보판 옆에 있는 승리당 빵집의 유리 진열대를 들여다보는 일이었다. 하얀 크림으로 뒤덮인 케이크 위에는 뾰족집도 있었고 나무도 있었고 병정들도 있었다. 눈으로 그렇게 빵맛을 보는 것으로 한여름 밤의 산책이 끝나고는 했다.

입으로 맛을 보고 코로 맛을 보고 다시 또 눈으로 맛을 보던 유년의 빵에 대한 기억은 한참 시간이 흘러 대학 시절로 이어진다. 아르바이트로 제법 주머니가 두둑해진 첫해 겨울방학, 아마도 크리스마스 이브였을 것이다. 이 돈으로 무엇을 할까 잠시 고민을 하다가 은행동에 있는 델리제과로 걸음을 옮겼다. 크림빵, 곰보빵, 단팥빵, 도넛 등을 가리지 않고 손에 잡히는 대로 한 보따리를 싸들고 집으로 들어갔다. 우리 형제들은 그날 밤 케이크에 초를 꽂고 성탄절 노래를 부르는 대신에 그 해의 마지막이 지나가는 몇날 며칠 동안 벽장문을 열고 빵을 꺼내 먹는 재미에 골몰했다.

동네 빵집들이 사라지고 있다는 신문기사를 읽고 빵에 얽힌 내 '유년의 뜰'을 잠시 거닐어보았다. 주변을 헤아려보니 과히 기사의 내용이 틀리지 않았다. 빵집들이 어느 한 순간 사라져 버리고 만 것이다. 은행동 델리제과가 있던 곳에는 파리바게뜨가 들어섰고 대흥동 승리당이 있던 자리는 뚜레쥬르가 문을 열었다. 오늘 날짜 신문을 보니 뚜레쥬르는 전국에 1,407개의 체인점이 있고 선발업체인 파리바게뜨의 경우는 3,000개가 넘는다고 한다. 자신의 이름을 내건 간판을 내리고 파리바게뜨로 새로 간판을 올린 아파트 상가의 빵집 아저씨는 "축하합니다." 인사를 손사래 치며 사양했다. 브랜드의 위력에 손님을 빼앗기고 난전으로 밀려난 수제빵집들은 오늘도 1,000원에 3개를 외치며 살아남기 위해 안간힘을 쓰고 있다.

대기업들이 본격적으로 시장에 뛰어들었거나 준비 중에 있어 빵을 둘러싼 전쟁은 더욱 가속화될 전망이다. 베이커리 전문점 아티제는 S그룹의 딸이, 달로와요는 또 다른 S그룹의 딸이, 포숑은 L그룹의 딸이, 오젠은 H그룹의 딸이 각각 운영을 시작했거나 지분을 보유하고 있다고 한다. 대기업들의 소모성 자재 구매대행(MRO)이 여론의 뭇매를 맞은 것이 불과 지난해 일인데 다시 아흔아홉 섬 가진 자들이 한 섬 가진 자의 망태를 넘보고 있다. 무차별 경쟁의 끝은 어느 하나를 향한 무한집중일 수밖에 없다. 나머지는 몽땅 무너지고 만다.

신자유주의의 어두운 그늘이 내 유년의 기억 한가운데까지 이런 식으로 쳐들어올 줄은 미처 몰랐다.

(2012)

용과 같은 지도자

"옛적에 광주 북촌 사는 한 부자가 딸 하나를 두었는데 외모가 단정하였다. 아버지에게 말하기를 "자줏빛 옷을 입은 웬 남자가 매양 와서 잠자리를 치릅니다."라고 하니 그 아버지가 "긴 실을 바늘에 꿰어 그의 옷에 찔러 놓아 보거라." 하고 일렀다. 딸이 아버지 말대로 했다. 이튿날 실을 찾아가니 끝이 북쪽 담장 밑으로 이어졌고 실에 매달린 바늘은 커다란 지렁이의 허리에 꽂혀 있었다. 후에 이 때문에 부자의 딸이 잉태를 하여 아들을 낳았는데 그 아들은 나이 열다섯에 이르러 스스로 견훤이라 칭하였다."

'삼국유사(三國遺事)' 기이편 후백제 견훤 조에 나오는 견훤(甄萱)의 출생에 얽힌 이야기이다. '삼국유사'에는 이 이야기 말고도 견훤의 출생에 관한 또 다른 기사가 실려 있다. 견훤은 상주 가은현 출신으로 아버지가 아자개인데, 아자개는 처음에 농사를 짓다가 나중에 장군이 된 인물이라고 한다. 그렇다면 견훤은 장군의 아들이 되는 셈이다. 또 다른 기사에는 아자개를 진흥왕의 손자로 소개하고 있다. 그렇게 되면 견훤은 진흥왕의 증손이 되어 신라 왕족의 후예로 이어지게 된다. 같은 책인데도 위아래 지면에 서로 다른 출생담을 소개하고 있으니 일연이 '삼국유사'를 편찬한 그 당시도 이미 견훤의 실체에 대해서는 여러 가지 이설들이 있었던 모양이다.

지금의 경상도 문경 땅에서 태어나 신라의 변방 비장으로 있던 중 진성여왕의 실정을 틈타 지금의 광주 땅인 무진주를 점령하고 다시 지금의 전주 땅인 완산주에 도읍을 정하여 후백제를 일으킨 인물이 우리가 아는 견훤이다. 신라에 대해서는 시종 적대관계를 유지하였으나 고려 왕건과는 때에 따라 화친관계를 맺을 만큼 외치에도 밝았던 인물이다. 그래서 한때는 후삼국 맹주의 자리를 차지하기도 했다. 신라에 쳐들어가 경애왕을 살해하고 왕건의 군사들을 공산 전투에서 궤멸시키는 등 빼어난 전과를 거둔 바도 있으나 마지막 생애는 비참했다. 호족을 도외시하고 철권통치를 강행한 결과 내부의 분란에 휩쓸려 자식도 잃고 나라도 잃고 목숨까지 잃은 인물이 견훤이다.

그런데 앞서 소개한 견훤의 출생담에 지렁이가 등장하고 있다는 사실이 아무래도 평범해 보이지가 않는다. 주인공의 출생에 얽힌 이야기라면 으레 비범성을 수반하는 것이 상례이고 심지어 평범한 사람조차도 태몽 한두 마디쯤은 예사롭게 지니고 있는 법이다. 그런데 견훤과 같은 영웅의 소종래(所從來)가 담장 밑의 지렁이였다는 사실은 선뜻 받아들이기가 어려운 대목이다. 물론 이 방면 연구자들이 노력한 결과 그것이 야래자설화(夜來者說話)라고 하는 우리나라 광포설화의 한 화소라는 사실이 드러났고, 지렁이보다는 뱀이 더 많이 등장하며 그것이 보다

원형에 가깝다는 연구 성과도 나와 있다.

이와 비슷한 출생담을 지닌 인물로 서동(薯童)이 있다. '서동요(薯童謠)'를 지어 신라의 서라벌 아이들로 하여금 부르도록 했다는 바로 그 서동이다. 서동의 어머니는 홀어미로 남지(南池)라는 연못가에 살다가 연못에 사는 용과 관계하여 서동을 낳았다. 그것이 서동의 출생담이다. 서동은 그 노래 '서동요' 덕분에 신라의 공주를 아내로 맞아 부자가 되었다. 또 나중에는 인심까지 얻어 왕이 되었다. 그가 백제의 무왕(武王)이다. 이 이야기도 '삼국유사' 기이편에 수록되어 있다. 연원을 함께 하는 이야기가 앞뒤에 실려 있는 셈인데 부계(父系)의 차이는 현격하다. 이를테면 뱀이 용으로 승격된 인물이 서동이라면 뱀이 지렁이로 격하된 인물이 견훤인 것이다.

전승되는 이야기는 살아 있는 생물과 같다고 한다. 때문에 견훤에 대한 격하 운동이 언제부터 무엇이 계기가 되어 진행되었는지는 알 수 없다. 그것은 국가 간 경쟁의 와중에서 상대국의 수뇌를 향한 흠집내기일 수도 있고, 다른 쪽에서 보면 허망하게 무너진 망국의 군주에 대해 유민(遺民)들이 내리는 심정적인 평가일 수도 있다. 어쨌거나 아들의 손에 감금되었다가 탈출하고 적국에 투탁하였다가 울화병을 얻어 죽음에 몰린 견훤의 말로가 용과는 어울리지 않는다.

새해는 용의 해이다. 총선과 대선을 치르는 새해에는 용과 같은 인물을 뽑아야지 지렁이 같은 인물을 뽑아서는 안 될 것이다. 어느 고명한 스님께서 현직 대통령을 겨냥하여 '서이독경(鼠耳讀經)'이라는 부제를 붙여 책을 펴냈다고 한다. 그래서 화제가 되고 있다. 그 책을 사서 읽어볼 마음은 전연 없으나 일이 이쯤 되면 대통령에게도 문제가 없다고 하기는 어려워진다. 태산이 우르릉 쿵쾅하더니 생쥐 한 마리가 쪼르르 나오더라는 옛말을 더는 듣지 않도록 임기 말년인 그 분도 정신을 차려야겠다. 하지만 쥐나 지렁이가 아니라 용과 같은 인물을 뽑아야 하는 국민들이 먼저 정신을 차려야 한다. 그것이야말로 선거권을 쥔 국민들의 몫인 동시에 책임이기 때문이다.

(2011)

간관이 사라진 시대

"비둘기 새는 울음을 울지만 뻐꾹새야말로 나는 좋아. 뻐꾹새야말로 나는 좋아."

아주 짧은 고려시대 노래가 하나 있다. '유구곡(維鳩曲)'이라고도 부르고 '비두로기'라고도 부르는 이 노래는 고려 16대 임금 예종(睿宗)의 일화와 함께 전해지고 있다. '고려사(高麗史)'의 기록에 의하면 예종이 자신의 과오와 시정의 득실을 듣고 싶어 언로(言路)를 넓게 열어놓았는데, 그렇게 해도 신하들이 상언(上言)을 하지 않을까 염려하여 넌지시 이 노래를 지어 자신의 뜻을 알렸다는 것이다.

'고려사'의 해당 대목은 예종이 불렀다는 노래를 "벌곡조(伐谷鳥)"라고 기록하고 있어 과연 이 노래가 그 노래와 같은 것인지 명확하지는 않다. 그렇지만 동일한 노래로 보는 시각이 학계에서는 꾸준히 이어져 오고 있다. '유구'는 비둘기를 '벌곡'은 뻐꾸기를 각각 지시하는 한자식 표기이다. 노래의 첫 소절을 이름으로 삼았으면 '유구곡'이 되는 것이고 내용이나 의미의 비중을 따졌으면 '벌곡조'가 되는 것이다.

임금의 잘잘못을 밝혀 말하는 자리가 간관(諫官)이다. 그런데 간관에는 세 가지 종류가 있다고 한다. 먼저 비둘기 간관이다. 비둘기 간관은 앞에서는 제대로 말을 못하고 뒤에서 "구구구구" 알아듣지도 못하는 말을 혼자 중얼거리는 간관이다. 그에 비하여 두 번째 뻐꾹새 간관은 뻐꾹새처럼 "뻐꾹뻐꾹" 큰 소리로 간언을 하는 간관이다. 비둘기의 간언은 간언 축에도 못 끼는 것이지만 뻐꾹새의 간언은 직간(直諫)이라고 불러줘도 좋을 듯싶다.

마지막으로 봉황새 간관을 추가할 수 있다. 봉황새는 왕의 노여움을 일으키지 않으면서도 할 말을 다하는 간관이다. 봉황새의 간언은 이를테면 풍간(諷諫)인 것이다. 풍간은 비유를 들어 넌지시 암시하는 간언이다. 역린(逆鱗)을 건드리지 않고도 하고자 하는 바 목적을 달성할 수 있는 말하기 방법이다. 하지만 풍간은 상대방이 알아차리지 못하면 소용이 없다. '단(丹)'으로 한때 유명세를 누린 소설가 김정빈의 책 '리더의 아침을 여는 책'에는 다음과 같은 이야기가 소개되어 있다.

초나라 장왕(莊王)이 아끼는 말이 하나 있었다. 살이 너무 쪄서 말이 죽게 되자 장왕은 대부의 예를 갖춰 장례를 치르도록 했다. 좌우의 신하들이 다투어 반대를 하니 장왕이 불같이 화를 냈다. 이때 우맹(優孟)이라는 악사가 그 소문을 들었다. 우맹은 대궐에 들어가서 하늘을 향하여 크게 소리 내어 울었다. 장왕이 놀라 우는 까닭을 묻자 우맹이 대답을 했다. "대왕께서 그렇게 좋아하시던 말을 대부의 예로써 장사지내는 것은 너무 야박합니다."

그러면 어찌해야 하느냐며 장왕이 물으니 우맹이 다시 대답을 했다. "옥돌로 안쪽 널을 만들고 가래나무로 바깥쪽 널을 만들며 단풍나무 느릅나무 녹나무로 횡대를 만드십시오. 군사를 동원하여 무덤을 파고 사당을 세워 큰 제사를 지내고 장차 1만 호의 봉읍으로 받들게 하십시오." 우맹의 말을 다 듣고 난 장왕이 어찌하여 사태가 이 지경까지 되었느냐며 탄식을 하고 곧 자신의 잘못을 뉘우쳤다. 그리고는 우맹에게 다가가 일의 수습 방안에 대하여 물었다. 우맹이 대답을 했다.

"청컨대 대왕께서는 가축으로서 장례를 치르소서. 부뚜막으로 바깥쪽 널을 삼고 구리 솥으로 안쪽 널을 삼으십시오. 생강과 대추를 넣고 향료를 섞은 다음 쌀로 제사를 지내십시오. 그리고 장작불로 옷을 입힌 다음 이를 사람의 창자 속에 넣어 장사지내옵소서." 이에 장왕은 음식 만드는 관리를 불러 죽은 말을 넘기고는 천하 사람들이 알지 못하게 하였다. '사기(史記)' 골계열전에 나오는 이야기이다. 일개 악사 또는 배우에 지나지 않았지만 우맹이야말로 봉황새 간관이었던 것이다. 장왕 또한 나중에 춘추오패(春秋五覇)의 하나로 평가받을 정도로 지혜와 도량이 넘쳤던 인물이다.

현직 대통령의 내곡동 사저 논란이 온 국민의 심기를 크게 건드려 놓았다. 경호실장 한 사람 물러나게 한 뒤 없었던 일로 하자는 청와대의 뒷걸음이 수습치고는 궁색하기 짝이 없다. 전임 대통령들에 비하여 훨씬 넓은 면적[2,143㎡]과 훨씬 많은 비용[42억8천만 원]으로 마지막 남은 서울의 알짜배기 땅을 거머쥐려고 하던 바로 얼마 전의 호기가 어디로 사라졌는지 어이가 없을 따름이다. 그 대단한 자신감은 도대체 어디서 생겨나는 것인가?

변칙에 변칙을 더하는 것, 공(公)과 사(私)를 구분하지 못하는 것, 국민의 눈과 귀를 두려워하지 않는 것 등등은 구태여 다시 거론할 필요조차 없다. 그렇지만 한 가지 만큼은 반드시 짚어야 할 것 같다. 사저 논란이 뜨겁게 국민 여론을 달구던 그때 미국에 머무르고 있던 대통령은 그곳의 교포들을 모아놓고 "우리나라는 원래 시끄러운 나라"라고 했다는 것이다. 대통령 주변에는 과연 뻐꾹새 간관도 한 사람 없다는 말인가? 아니면 봉황새 간관의 풍간을 대통령이 알아듣지 못한다는 말인가?

(2011)

경산의 마지막 황제

"무엇 때문에 '숭정'이라는 연호를 쓰지 않는가? 장차 압록강을 건너가려 하기 때문에 이를 꺼리는 까닭이다. 무엇 때문에 '숭정'이란 연호를 꺼려 숨기는가? 압록강을 건너면 청나라 사람들이 살고 있기 때문이다. 세상 사람들이 모두 청나라의 연호를 쓰고 있어서 구태여 명나라 연호인 '숭정'을 쓸 수 없는 것이다. 무엇 때문에 드러내지 못하면서도 '숭정'이란 연호를 일컫는가? 명나라야말로 중국이고 명나라가 우리 조선을 처음으로 승인한 큰 나라이기 때문이다."

연암 박지원(朴趾源)의 '열하일기(熱河日記)'는 이렇게 시작하고 있다. 북학파의 일원으로 청나라 한번 다녀오기를 오매불망 소원하던 연암 앞에 거짓말같이 연행(燕行)의 기회가 주어졌다. 그 넉 달 동안의 연행길을 마치고 돌아온 연암이 작심을 하고 써 내려간 책이 '열하일기'이다. 그런데 그 책의 서두에서 이처럼 숭명배청(崇明排淸)의 상투적인 목소리를 듣게 되는 것은 천만 뜻밖의 일이다. 그러나 연암 특유의 삐딱체 화법에 익숙한 사람이라면 그것이 역설과 반어에 얹힌 조롱과 연막이라는 사실을 이내 깨닫게 될 것이다.

'숭정(崇禎)'은 명나라 마지막 황제인 숭정제(崇禎帝) 의종(毅宗)의 연호이다. 이자성(李自成)이 이끄는 농민군 주력이 거용관 장성을 넘어 북경 외성으로 들어왔을 때 숭정제는 황자들을 탈출시키고 황후 주씨(周氏)와 마지막 이별의 술잔을 나누고 있었다. 황후가 스스로 목을 매 죽은 것을 확인한 황제는 열다섯 살 장평공주와 여섯 살 소인공주를 차례로 찾아 칼을 내리쳤다. 모든 것이 밤에 벌어진 일이었다. 다음날 아침 황제는 스스로 종을 쳐서 백관을 불러 모았지만 누구 한 사람 나타나는 자가 없었다. 환관 왕승은(王承恩)만이 변함없이 곁을 지키고 있었다.

내성인 지금의 자금성(紫禁城)이 허물어지자 황제는 왕승은 한 사람을 데리고 성 바깥에 있는 경산(景山)으로 향했다. 푸른 옷을 걸친 황제의 오른쪽 발에는 붉은 신이 신겨져 있었다. 하지만 왼발은 맨발이었다. 머리에는 관도 없었으며 머리카락이 흘러내려 한 쪽 얼굴을 가리고 있었다. 어둠이 다가오자 황제는 경산 꼭대기 수황정(壽皇亭) 앞에서 나무에 목을 매달아 스스로 목숨을 끊었다. 이 모든 광경을 끝까지 지켜본 것도 왕승은 하나뿐이었다. 자신의 직무를 다한 왕승은 역시 황제의 뒤를 따라 나무에 목을 맸다. 황제가 입고 있던 옷깃에는 다음과 같은 글이 씌어져 있었다.

"짐이 17년 재위에 있으면서 동인이 세 번 내지를 침략하고 역적이 곧바로 경사에 육박하였다. 짐은 덕이 박하고 신체가 허약하여 위로 하늘의 꾸짖음을 구한다. 그렇지만 여러 신하들이 짐을 그르쳤다. 짐은 죽어 조종을 뵐 면목이 없어 스스로 관면을 버리고 머리카락으로 얼굴을 가린다. 적으로 하여금 짐의 시신을 갈가리 찢게 할지언정 한 사람의 백성도 상하게 하지 말라." 백성에 대한 배려를 황제는 잊지 않았지만 진정성이 있어 보이지는 않는다. 죽음에 임해서도 여전히 망국의 책임을 신하들에게 돌리는 인물이 숭정제 의종이다.

명나라 망국의 원인은 숭정제보다는 그의 조부 신종(神宗) 만력제(萬曆帝)에 있다는 것이 역사학 쪽에서의 대체적인 평가인 듯하다. 그렇기는 하나 숭정제 또한 재위 중에 제대로 해낸 구석이 하나도 없다. 파탄에 빠진 재정을 충당하기 위해 가혹한 세금을 부과한 것은 전조부터의 일이었으나 숭정제에 이르러 상황은 더욱 악화되었다. 그 결과 농민이 유민(流民)이 되고 유민이 반민(叛民)이 되어 나라 전체가 뿌리로부터 흔들렸다. 이자성도 그 중의 하나였다. 숭정제의 과오는 그가 사람에 대해 의심이 많았다는 측면에서도 찾을 수 있다. 상대편의 이간술에 말려 명장 원숭환(袁崇煥)을 죽인 것은 천고의 어리석은 일이 되고 말았다.

이번 북경 여행에서 학생들과 함께 경산에 오른 것은 두고두고 잘한 일이 될 듯싶다. 수황정을 한 바퀴 돌면서 내려다 본 광활한 북경의 모습은 일품이었다. 겹겹이 보이는 자금성 전각의 지붕들, 서쪽 저 아래에 떠 있는 북해(北海)와 그 옆의 백탑(白塔), 그 너머로 하늘의 가장자리를 달리는 산맥의 풍경들이 내내 자금성 안에 갇혀 있던 답답증을 단숨에 날려버렸다. 내려오는 길에 마주친 숭정제의 목 맨 나무는 그것이 설령 나중에 다시 심은 것이라고 해도 지나간 역사를 반추하기에는 모자람이 없었다. 아쉬웠던 점은 우리 학생들에게 시간 여유를 두고 자세한 설명을 하지 못했다는 것이다.

그러한 아쉬움은 말하자면 이러한 것들이었다. 리더의 덕목, 인간에 대한 신뢰, 이유 없는 자신감, 혹은 내부로 닫힌 논리, 연암 박지원의 생각과 '열하일기', 명나라 숭정제와 조선의 역대 군주, 명청과 왜와 조선이 각축하는 동아시아, 등등. 그리고 또 하나 더 포함시킬 것이 남아 있다. 조상님 묘역을 지키고 있는 우리네 선산의 비석에 새긴 글자들, '유명조선국(有明朝鮮國)'으로 시작하여 '숭정기원후(崇禎紀元後)'로 끝나는 그 의미, 등등.

(2011)

왕은 희언을 않는다는데

'삼국사기(三國史記)' 열전 다섯 번째 작품이 저 유명한 온달(溫達)과 평강공주(平岡公主) 이야기이다. 평강왕의 어린 딸이 지독한 울보라서 부왕이 장난삼아 이렇게 말을 했다. "항상 내 귀를 시끄럽게 하니 이다음에 네가 크면 바보 온달에게나 시집보내야겠다." 공주의 나이 열여섯이 되었을 때 왕이 상부고씨 집안으로 시집을 보내겠다고 하자 공주가 이렇게 대답을 했다. "대왕께서는 늘 저에게 말씀하시기를 온달의 아내가 되라고 하셨습니다. 그런데 지금 무슨 까닭으로 그때 그 말씀을 고치시는 것입니까? 필부(匹夫)도 식언(食言)을 하지 않는데 하물며 지존(至尊)께서야? 그러므로 왕은 희언(戱言)을 하지 않는다고 하는 것입니다."

평강공주는 끝내 고집을 꺾지 않다가 궁궐에서 쫓겨나고 말았다. 물어물어 온달의 집을 찾아간 공주는 한참을 기다린 끝에 나뭇짐을 해서 집으로 들어오는 온달을 만났다. 하지만 공주를 본 온달은 귀신을 만났다는 듯 겁을 내며 문밖으로 도망을 쳤다. 이튿날 다시 찾아온 공주는 자초지종 어렵게 설득한 끝에 비로소 온달의 아내가 될 수 있었다. 나머지 줄거리는 너무도 잘 알려진 이야기라서 따로 설명이 필요 없을 것이다. 어쨌든 이후 고구려는 온달과 또 온달을 영웅으로 거듭 태어나게 한 평강공주 덕분에 이웃나라의 침략을 물리칠 수 있었다.

국제과학 비즈니스벨트의 입지 선정을 둘러싼 논란이 갈수록 증폭되고 있다. 여야가 대립되는 형국을 취하더니 각 당 내부에서조차 의견이 엇갈리는 단계를 거쳐 이제는 특정 지역을 중심으로 여야 의원들이 연합전선을 펴는 등 정치권의 지형도가 복잡하게 전개되고 있다. 시도지사들이 경쟁적으로 기자회견을 여는가 하면 각종 사회단체들도 이 대열에 합류하여 이제 입지 논란은 온 국민의 관심사항으로 떠올랐다. 특히 대통령의 공약사항이었기 때문에 과학벨트 조성을 당연한 일로 여기고 있던 해당 지역 주민들은 이 뜻밖의 청와대발 소식에 분노의 목소리를 높이고 있다.

대통령은 신년좌담회 자리에서 공약사항은 아니었다고 입장을 밝혔다. 하지만 한국 메니페스토 실천본부는 곧바로 보도자료를 내고 대통령의 공약이 분명히 있었다는 다른 내용의 발표를 했다. 대선공약집 '대전 충북 충남편' 31면 및 34면의 해당 기록까지 증거로 제시해놓고 있는 것을 보면 메니페스토의 발표는 사실로 받아들여도 될 것 같다. 발표에 따르면 대통령의 공약집에는 "행정복합도시의 기능과 자족 능력을 갖추기 위해 국제과학 비즈니스벨트와 연계된 인구 50만의 도시를 만들겠다."고 명시되어 있다는 것이다. 결과적으로 대통령은 거짓말을 한 사람이 되어버렸다. 평강공주의 말을 빌리자면 보통사람들도 식언을 하지 않는데 대통령이 식언을 한 것이다.

공약(公約)은 공약(空約)이라는 우스갯소리가 있다. 임기를 거치는 과정에서 선거를 앞두고 내세운 공약을 100% 완벽하게 이행하는 대통령은 없으리라고 본다. 과거도 그렇고 미래도 그렇고 우리도 그렇고 외국도 그러할 것이다. 선출직인 시도지사나 군수 등 단체장들 또한 마찬가지이다. 상황에 변화가 일어나거나 정책 판단의 기준 혹은 시각이 달라지면 공약은 수정되거나 보완될 수 있고 경우에 따라서는 폐기될 수도 있다고 본다. 하지만 그렇게 되기 위해서는 그에 따른 절차나 과정이 먼저 있어야 하는 법이다. 그래야만 투표권자인 국민이나 지역주민들도 수긍을 하고 따라갈 것이 아니겠는가?

그런데도 대통령은 "선거유세 때는 충청도에서 표를 얻으려고 제가 관심이 많았겠죠. 그런데 공약집에 있었던 것도 아니다."고 말하고, 다시 "그 당시 여러 가지 정치상황이 있었고, 내가 거기에서는 혼선을 일으킬 수 있는 공약이 선거 과정에서 있었다."는 언급을 추가로 덧붙였다는 것이다. "정치상황"과 "혼선"이라는 그럴듯한 용어를 동원하고는 있지만 속마음을 감추기는 어려웠던 모양이다. 더욱이, "위원회가 새로 발족을 하니 거기에서 잘할 것이라 믿는다."는 대통령의 마무리 발언은 과학벨트라는 전 국민적 관심사항에 대하여 남의 말을 하듯이 에둘러 마침표를 찍고 있는 것 같아 불쾌감마저 일어난다.

평강공주는 "왕은 희롱의 말을 하지 않는다."고 했다. 충청권 주민들이 거리거리마다 플래카드를 내걸고 연일 회합을 해가면서 한 목소리로 궐기대회까지 열겠다고 나서는 것은 대통령이 식언을 한데다가 희언까지 하였기 때문으로 풀이된다. "충청도에서 표를 얻으려고 제가 관심이 많았겠죠." 음미할수록 웃기는 대통령의 말이다.

(2011)

이 땅을 버리고 어디로 갈 것인가

신라 경덕왕(景德王) 때의 일이다. 왕이 하루는 신하들을 불러 훌륭한 스님을 모셔 오도록 했다. 마침 위의를 갖춘 한 스님이 지나가기에 신하들이 데려와 알현을 시켰는데 왕은 내가 말한 훌륭한 스님이 아니라면서 물리쳤다. 마침 그때 누비옷을 걸치고 나무통을 짊어진 또 한 사람의 스님이 걸어가고 있었다. 왕이 그를 불러 누구냐고 하자 충담이라고 대답을 했다. "어디서 오는가?" 하고 재차 물으니 "남산 삼화령의 미륵세존님께 차를 달여 올리고 돌아오는 길입니다." 라고 대답하였다. '삼국유사'에 나오는 이야기이다.

충담은 충담사(忠談師)이다. 고등학교 시절에 배운 저 유명한 향가 '찬기파랑가(讚耆婆郎歌)'를 지은 인물이다. 일찍이 향가 해독을 시도한 양주동 박사가 입에 침이 마르도록 칭송한 '찬기파랑가'는 드높은 절조와 빼어난 표현으로 널리 알려진 신라시대 노래다. 경덕왕도 당대에 충담의 소문을 들어서 알고 있었는지 이러한 부탁을 했다. "나를 위하여 이번에는 백성들을 편히 살게 하는 노래를 지어주시오." 그렇게 해서 충담이 지어 올린 노래가 '안민가(安民歌)'이다. 말 그대로 백성들을 편안하게 한다는 이 노래의 노랫말은 다음과 같다.

"임금은 아비요 신하는 사랑하는 어미요 백성은 어리석은 아이라고 할 진댄 백성이 사랑을 알리라. 대중을 살리기에 익숙해져 있기에 이를 먹여 다스려라. 이 땅을 버리고 어디로 갈 것인가 할진댄 나라가 보전될 줄을 알리라. 아아, 임금답게 신하답게 백성답게 한다면 나라가 태평을 유지하게 될 것이니라." 임금이 임금답게 하고 신하가 신하답게 하고 백성이 백성답게 하면 나라의 태평이 유지된다는 내용의 이 노래는 '논어' 안연편에 나오는 '군군신신부부자자(君君臣臣父父子子)'를 연상한다고 하여 일찍부터 주목을 받았다.

지난 주말 1박2일의 일정으로 강화도를 다녀왔다. 연평도 포격사태가 발생한 직후라서 나들이를 포기할까 하는 생각도 있었다. 하지만 오래 전부터 벼른 일이고 또 여러 사람들이 함께 하기로 한 일이라서 가는 걸로 했고 결국은 아무 일 없이 잘 다녀왔다. 일요일 오전 연평도 주민들에게 대피령이 떨어진 그 시각에 우리 일행은 석모도를 둘러본 뒤 선착장에 모여 강화도로 건너가는 배를 기다리고 있었다. 주말이면 찾아오는 사람들로 늘 붐비는 곳이겠지만 그날만큼은 주민들을 제외하면 우리 같은 행락객 차림은 보이지 않았다.

이 상황에 이렇게 나다녀도 되는가 하는 생각을 뒤늦게 하면서도 문득 떠오른 것이 '안민가'였다. '안민가' 중에서도 "이 땅을 버리고 어디로 갈 것인가." 하는 구절이었다. 그리고 또 한 구절, 거기에 이어지는 "할진댄 나라가 보전될 줄을 알리라."였다. 그리고 그 두 구절은 이렇게 해석이 되고 있었다. "이 땅을 버리고 다른 어디로 가서 살 수가 있단 말인가 하고 백성들이 스스로 말을 하게 된다면 나라가 보전될 수 있는 것이다." 또 이렇게 해석이 되고 있었다. "백성들의 입에서 이 땅을 버리지 않겠다는 말이 나오면 그것이 또한 나라를 보전하는 길이 되는 것이다."

시인의 눈이 예사롭지 않은 사례는 많이 있다. 영화가 시작하기 전에 일어서서 애국가를 경청하던 시절의 이야기 한 토막이다. "삼천리 화려강산" 하는 대목에서 비상하는 한 무리의 새들이 화면에 잡혔다. 그러나 시인은 그것을 새들의 힘찬 날갯짓으로 보지 않았다. 오히려 새들이 자기들의 세상을 떼어 매고 이 땅을 떠나가는 것으로 보았다. 그래서 세상에 나온 작품이 '새들도 세상을 뜨는구나'였다. 황지우 시인이 그 시를 발표한 1980년대 후반은 "이 세상 밖 어디론가 날아갔으면" 하고 싶을 정도로 이 땅의 사람들에게는 살기가 팍팍한 시절이었다. 오래 전 일이지만 그런 때가 있었다.

1박2일 강화도 순례의 마지막 경유지는 제적봉 통일전망대였다. 한강과 임진강이 만나는 하구에서 3km가 채 되지 않는 거리를 두고 남과 북이 대치하고 있는 지역이었다. 전망대에 설치한 망원경을 통해 양안의 이쪽에서 저쪽으로 시선을 옮겨 보았다. 한적한 길 위로 자전거를 타고 가는 두어 사람이 보일 뿐 모든 것이 조용했다. 때마침 강물 위로는 한 무리의 철새들이 낮게 날아가고 있었다. 신라 경덕왕 시절에는 무슨 일이 있었던가? 그리고 지난 며칠 동안 연평도에서는 또 무슨 일이 있었던가? 그리하여 섬에 사는 주민들은 이 땅을 버리고 갈 것인가? 또 간다면 어디로 갈 것인가?

육지로 나오는 연평도 주민들을 스케치하면서 언론은 연일 '피란'이라는 말을 써가면서 떠들어대고 있었지만, 그러나 그것이 꼭 피란은 아닐 거라는 생각을 가져본다. 소란을 피해 잠시 뭍으로 나간 것이겠지, 그리고는 곧 다시 돌아오겠지, 이 땅을 버리고 어디로 가버리는 것은 아니겠지, 그런 생각을 해보는 것이다.

(2010)

특혜채용 및 고시제 논란

외교통상부 장관 딸의 특혜채용 파문이 일파만파로 번져가고 있다. 여론이 먼저 분노했고 뒤이어 청와대가 진노했다고 하자 이번에는 행정안전부가 전격적으로 특별감사에 착수했다는 소식이다. 감사 결과를 기다리는 동안에도 들끓는 여론은 수그러들지 않고 있다. 국회도 이번에는 여야 모두 한 목소리가 되어 현직 장관의 부적절한 처신을 개탄하고 나섰다. 사과 발언 한 마디로 사태가 수습되리라고 쉽게 판단한 장관은 결국 이임식도 치르지 못하고 자리에서 물러났다. 현 내각 최장수 장관이자 외교부 역대 최장수 장관이 되리라는 주변의 기대를 저버린 허망한 퇴장이었다.

당사자가 물러나고 난 뒤에도 특혜채용 파문은 수그러들지 않고 있다. 때마침 바로 전에 발표된 고시제 폐지를 둘러싼 논란에 불을 붙이는가 싶더니 이제는 공정사회를 화두로 밀어 올리며 한창 외연을 키워나가고 있다. 태풍 곰파스(Kompasu)가 지나간 자리에 그것을 능가하는 초대형 메가톤급 태풍이 불어 닥친 것이다. 인터넷과 트위터에서는 "똥돼지를 고발합니다."라는 신드롬이 번지고 있다는 소식도 들린다. 그러니 그와 같은 와중에 "너 괜찮니?", "나 괜찮아!"를 조심조심 연호하며 바짝 엎드려 태풍이 잦아들기를 기다리는 공직자들이나 그들의 자녀들 또한 없지 않을 것이다.

이번 파문을 통해 정부 부처에서 시행하고 있는 5급 특별채용의 규모가 알려졌다. 관련 부처 장관의 말에 따르면 지난 10년 동안 5급 신규 공무원 중 특채로 임용된 비율이 37.4%라고 한다. 그 말이 만약에 사실이라면 이만저만한 충격이 아닐 수 없다. 세상에는 내가 모르고 있는 일들이 아직도 많이 있다는 사실을 다시 확인하게 되는 것이다. 신림동 고시촌에서 잡은 인터뷰 장면을 보니 어느 청춘이 이렇게 말을 했다. "고시 말고도 다른 길이 있었다는 사실을 알고 씁쓸했습니다. 그리고 그 다른 길이 나와 무관하다는 사실을 알고는 절망했습니다."

고시를 포함하여 공무원 채용시험에 매달리는 젊은이들의 규모가 어느 정도인지는 정확히 모르겠으나 가늠하기 힘들 정도로 크다는 것쯤은 미루어 짐작할 수 있는 사안이다. 수백 대 일의 경쟁은 흔히 있는 일이며 한때는 서울시 공무원 채용시험 응시자들을 위해 경부선 KTX 특별열차가 운행된 적도 있었다. 박사학위 소지자가 응시하는 것은 지나간 시절의 화제일 뿐 상한 연령이 폐지된 최근에는 50대 합격자까지 심심찮게 나오고 있는 현실이다. 대학생 17%가 공무원 시험을 준비하고 여학생은 4명에 1명꼴로 공무원을 희망하고 있다고 한다. 그것이 3, 4년 전의 통계 수치라고 하니 이쯤 되면 왕조 시대의 과거(科擧) 열풍은 이미 넘어섰다고 봐야 할 것이다.

조선 후기 19세기 서울의 풍물을 노래한 '한양가(漢陽歌)'에는 과거가 치러지는 현장이 이렇게 묘사되어 있다. "밤중에 문을 여니 각색 등이 들어온다. 줄불이 펼치는 듯 새벽별이 흐르는 듯, 기세는 백전일 세 빠르기는 살 같도다. 현제판 밑 설포장에 말뚝 박고 우산 치고, 휘장 치고 등을 꽂고 수종꾼이 늘어서서, 접마다 지키면서 엄포가 사나울사, 그 외의 약한 선비 장원봉 기슭이며 궁장 밑 생강밭에 잠복 치고 앉았으니, 등불이 조요하니 사월 파일 모양일다." 그런데 이 노래의 내용이 여간 수상쩍은 것이 아니다. 왜 과장의 문을 밤중에 여는 것인가? 사람들의 한밤 질주는 또 무엇인가? 수종꾼은 누구며 왜 그들이 난리인가? 선비는 왜 생강밭에 쪼그리고 앉았는가?

한 차례 과거에 수천 명이 달려드는 조선 후기에 이르면 과장(科場)이 다 이들을 수용할 방도가 없었다. 따라서 조선 팔도에서 한꺼번에 올라온 과거꾼들에게는 우선 과장으로 들어가는 것이 급한 일이었다. 그렇다보니 한밤중에 미리 와서 줄을 서고, 그러면 조금씩 시간을 앞당겨 문을 열고, 문을 열면 도포자락 거머쥐고 한달음으로 들이닥칠 수밖에 없었던 것이다. 그뿐이랴? 앞자리를 차지해야만 과제도 볼 수 있고 답지도 제출할 수 있는 건데 수종꾼을 앞세운 권세가 도령들이 앞자리를 다 차지하고 앉았으니 힘없는 선비들은 담장 밑 생강밭까지 내몰리게 되었던 것이다. 그런 궁유(窮儒)들이 과거를 본다 한들 입격(入格)할 가능성이 한 톨이라도 있었겠는가?

조선 천지를 이 지경으로 만든 과거제에 대하여 다산 정약용(丁若鏞)은 식년시(式年試)를 제외한 모든 부정기 시험을 혁파하고 인재의 부족분은 천용제(薦用制)로 해결할 것을 주장하였다. 천용제는 수령이 주민의 의견을 물어 지역의 인재를 추천받아 관리를 선발하는 방식이다. 특별채용이기는 하되 음서(蔭敍)와는 다르고 요즘 논의되는 지역인재 할당제와 가까워지는 개념이다. 들리는 바에 따르면 특채 규모를 전체 채용 인원의 반 정도로 유지하는 것이 애당초 행정안전부의 구상이었다고 한다. 대물림용으로 전락될 바에는 차라리 지역의 젊은이들에게 희망과 기회를 주는 것이 백 번 천 번 옳은 일이다. 공정한 사회를 바라는 다산의 문제의식도 그러했을 것이다.

(2010)

사람 하나 새로 들여놓는 일

삼사십 년 전만 해도 우리는 옛날이야기의 나라에서 살았다. 시골에서는 마실꾼들이 모여 앉아 밤이 가는 줄 모르고 옛날이야기를 나누었다. 그런데 그것이 다 살아가는 이야기들이었다. 그러한 자리에는 으레 마을에서 인정하는 이야기꾼이 있었고 그 이야기꾼을 중심으로 이야기판이 벌어졌다. 이야기꾼이 서너 명이 넘으면 이야기 배틀(battle)이 형성되기도 했다. 손자도 할머니 무릎을 베고 잠이 들던 그 시절에는 조선 땅 삼천리 방방곡곡 어디라 할 것 없이 옛날이야기들로 넘쳐났다.

그런데 어느 순간 옛날이야기들이 자취를 감추었다. 1970년대 이후 시골 마을마다 전봇대가 세워지고 전기가 들어가고 TV가 보급되면서 모든 것이 달라졌다. 우선 밤마을을 다니는 일부터 없어졌다. TV를 켜면 화면으로 전개되는 홈드라마에 남녀노소 모든 사람들이 열광하기 시작했다. 드라마 속의 이야기는 옛날이야기보다 더 실감이 났고 그래서 더욱 흥미진진했다. 그러자 자연히 밤마을을 다니는 일도 사라졌고, 옛날이야기를 잘하는 이야기꾼도 사라졌고, 옛날이야기도 자취를 감추게 되었던 것이다.

바로 그 무렵에 옛날이야기의 가치를 인정하고 또 수집한 것은 천만 다행스런 일이다. 발품을 팔아 시골을 찾아다니며 옛날이야기를 채록한 학자들이 계시고 정부도 정부 차원에서 그 비슷한 사업을 수행한 적이 있다. '한국구비문학대계(韓國口碑文學大系)'는 그렇게 해서 세상에 나온 저작물이다. 말하자면 그 책은 수천 년 이어져 온 옛날이야기가 이 땅에서 막 사라지려고 하는 바로 그 순간에 한 편 한 편을 붙잡아놓은 기적과도 같은 기록물이다. 그때 그 일을 하지 않았더라면 우리는 옛날이야기의 전통도 없고 유산도 없는 그저 막 돼먹은 종족으로 남아 있게 될 뻔했다.

어느 부잣집에 막내딸이 태어났다. 그런데 그 딸은 본색이 빨간 불여우라서 밤만 되면 가축의 간을 빼먹었다. 집안사람들이 모두 알고 있었으나 아버지만은 그 사실을 인정하지 않았다. 오히려 아버지는 터무니없는 말을 한다며 아들 셋을 모두 내쫓아버렸다. 불여우 딸은 하인들을 잡아먹고 부모를 잡아먹고 동네사람들까지 죄다 잡아먹었다. 집에서 쫓겨난 아들 형제들만 살아남은 것이다. 세월이 흘러 큰아들이 집을 찾아왔다. 그러자 불여우 딸이 그 오빠마저 잡아먹으려 했다. 그런데 그 때 어디서 삽살개가 나타나 불여우를 물어 죽이고 오빠의 목숨을 건져냈다.

'한국구비문학대계'에 수록되어 있는 옛날이야기 한 자락이다. 현실에서는 일어날 수 없는 내용인즉 이 이야기가 요즘 사람들의 시선을 끌어당기기는 어려울 것이다. 더군다나 불여우가 딸로 태어나 둔갑을 벌이고 여우가 되어 가족과 이웃사람들의 간을 빼먹는다는 사건의 진행이 워낙 충격적이라서 호감을 불러일으키지도 못할 것이다. 그런데 문득 궁금해지는 것이, 이 말도 되지 않는 허무맹랑한 이야기를 그때 사람들은 도대체 왜 들려주고 듣고 그랬을까 하는 점이다. 정말 그때 사람들은 이런 이야기들을 주고받으면서 무슨 생각들을 하고 있었을까?

위로 아들 셋을 두었는데 막내로 딸이 태어났으니 얼마나 귀엽고 사랑스러웠을까? 오죽하면 '양념딸'이라는 말까지 생겨났겠는가? 그런데 그렇게 예쁜 딸이 불여우라니……. 그 딸이 가축을 잡아먹고 하인을 잡아먹고 부모마저 잡아먹어 마침내는 집안을 쑥대밭으로 만들어놓다니……. 잘 살던 부잣집이 딸 하나 새로 식구가 된 순간부터 나락으로 떨어지고 온 집안을 사람 하나 없는 적막강산으로 만들어버린 것이다. 새로 들여놓은 사람 하나 때문에 이러한 일이 벌어지리라고 누군들 짐작이라도 했겠는가?

기업이나 정부조직, 각종 사회단체나 모임에서도 이와 같은 존재들이 서식하고 있다. 사람 하나 새로 구성원으로 받아들이는 일이 그래서 어려운 법이다. 그들은 자신의 본래 모습을 교묘하게 감추는 위장전술에 능하다. 조직의 내부에 침투한 다음 자신이 몸담고 있는 바로 그 조직을 숙주 삼아 기생하면서 거침없이 사리사욕을 채워나간다. 타성적이고 비민주적이고 소통이 원활하지 않은 조직은 이들이 서식할 수 있는 최적의 최상의 조건이다. 그러한 조직일수록 이들의 정체는 은밀하며 겉으로 드러나지 않는다.

'말빚'이라는 말이 있다. "말로 빚잔치를 치른다."는 속담도 있다. 후보자들 입에서 입으로 이어지던 '말빚'의 퍼레이드가 이제는 끝났는가 싶게 갑자기 조용해진 선거 다음날 아침이다. 이 아침에 '말빚'이라는 말과 "말로 빚잔치를 치른다."는 속담을 동시에 생각해본다. 아울러, 이번 선거과정이 말로 먼저 치른 빚잔치로 끝나지 않기를 기원해본다. 과연 제대로 된 사람이 들어왔는지, 우리가 사람 하나를 제대로 들여놓기는 한 것인지, 선거가 끝났어도 차근차근 다시 한 번 따져볼 일이다.

(2010)

봉이 김선달에게 묻고 싶다

봉이 김선달은 대동강 물을 팔아먹었다고 해서 유명해졌다. 그래서 종종 사기꾼을 일컫는 비유적 의미로 입살에 오르내리는 인물이다. 대형 사기사건이 터지면 TV든 신문이든 말하기 쉬워서 그런지 알아듣기 쉬워서 그런지 "현대판 봉이 김선달"이라고 표현하는 경우를 보게 된다. 그러나 이야기 속의 주인공 김선달은 적어도 자기 주머니만을 채우려 한 저열한 사기꾼은 아니었다. 대동강 물을 사겠다고 덤벼든 사람이 누구인가 하는 점을 주의해 보면 김선달과 그의 행위에 대한 평가는 크게 달라질 수 있다.

오랜만에 주막집에 들른 김선달에게 평양으로 나들이 나온 한양의 장사치 다섯 명의 행적이 포착되었다. 한양 장사치들은 저마다 두둑한 전대를 차고 장삿거리를 찾아 평양에 진출하는 길이었다. 평양은 한양보다 어수룩하니 잘만 하면 이 동네 돈을 쓸어 모을 수 있다는 그들끼리의 대화를 주막집 주인이 엿듣고는 김선달에게 전해주었다. 그때부터 김선달은 한양의 장사치들을 상대로 한 대동강 강물 팔아먹기 대형 프로젝트에 착수하였다. 주막집 주인이 정보를 물어다주고 김선달이 판단하여 지시를 내리면 대동강 물장수들이 그대로 따라했다. 구경꾼과 행인들도 김선달 편이었다.

대학에 자리를 잡아 대전에 내려온 1990년대 초반 이곳 주변을 떠돌던 풍문 하나를 소개해볼까 한다. 서울에서 한창 아파트 경기가 달아오르던 그때 당시 지방은 아파트가 많지 않아 아파트 경기라고 이름붙일 만한 것이 없었다. 그런데 어느 시점부터 아파트 건축 계획이 발표되고 웃돈과 함께 분양권이 거래되는 생전 처음 보는 일들이 벌어지기 시작했다. 뒤늦게 전후 사정을 알아차린 원주민들이 부랴부랴 살던 집을 팔고 분양가에 웃돈까지 얹어 아파트를 구입했는데, 입주할 무렵이 되자 아파트 시세가 폭락하는 사태가 벌어졌다. 서울의 큰 손들이 자금을 회수하고 철수한 데 따른 자연스러운 결과였다. 서울 큰 손들은 봉이 김선달식 버전으로 표현하자면 한양의 장사치들이었다.

지난 시절의 봉이 김선달 이야기가 떠오른 것은 이제는 듣기조차 지겨운 세종시 논란의 목소리들 때문이었다. 원안에, 수정안에, 플러스알파(+α)에, 원형지에, 블랙홀에, 행정도시에, 경제과학도시에, 의료교육도시에, 수도권 과밀화에, 국가 균형발전에, 과즉물탄개(過則勿憚改)에, 하필왈리(何必曰利)에, 미생지신(尾生之信)에, 기타 등등. 그런데 그 숱한 말과 말들 중에서도 이것만은 짚고 넘어갔으면 싶다. 세종시를 왜 만든다고 했는지. 세종시를 왜 충청도 연기와 공주 지역에 만든다고 했는지. 그리고 왜 지금도 만들려고 하는지. 논란을 지켜볼수록 점점 더 이해하기 어려워지는 질문들이다.

세종시 논란의 와중에서 억울한 것은 뭐니 뭐니 해도 그 지역 원주민들이다. 행정수도가 옮겨온다고 했을 때 그들은 조상 대대로 뿌리를 내린 그 고향을 내놓기로 하였다. 행정수도가 아니고 행정도시가 만들어진다고 했을 때 그때도 그들은 그것을 받아들였다. 그 뒤에도 행정도시가 되느니 안 되느니 말들이 많았을 때도 대도시 주변 변두리에 집 한 칸 장만하여 옮기거나 남은 이들끼리 모여 고향 땅 언저리에서 살길을 찾고 있었다. 그 중에는 1백여 년 전 선산이 파괴된다고 하여 경부선 철길을 다른 쪽으로 돌려놓은 집안의 후손들도 있다. 그런데 그들이 지금 턱없는 욕심을 부린다는 비난을 받아가며 눈총의 대상이 되고 있는 것이다.

정치공학을 잘 모르는 나로서는 알 길이 없다. 그러나 또 다른 풍문에 의거하건대 정치를 한다는 자들이 너나없이 세종시에 매달리는 건 다 이유가 있다는 것이다. 여당이 두 패로 나뉘어 사사건건 부딪치는 것을 보면 차기 대권이 걸려 있다는 주장이 일리가 있는 것 같기도 하다. 이곳의 도지사는 이 문제로 도지사 자리를 내놓았고, 또 그 위 어느 곳 도지사는 표로 심판을 하겠다고 벼르고 있다. 그 와중에 얻어터지는 것 또한 세종시 사람들이다. 어떤 의원은 돈이 더 되는데 무슨 반대냐며 핀잔을 주고 있고, 어떤 장관은 대박이냐 쪽박이냐를 선택하라고 강요를 하고 있고, 이제는 아예 총리까지 나서서 나라가 거덜 난다며 때 아닌 투정을 벌이고 있다.

세종시 건설은 내가 생각하기에는 아직 단추 하나 꿴 바 없는 것 같은데 첫 단추를 잘못 꿰었다는 사람들의 목소리가 갈수록 커지고 있다. 입주 기업과 그렇지 못한 기업, 원형지를 받은 기업과 받지 못한 기업, 세종시와 혁신도시, 충청도와 나머지 시도 등등의 갈등이 예사롭지 않게 전개되고 있다. 다가오는 선거에서 누가 승리하고 나아가 차기 대권이라는 봉을 누가 잡게 될 지, 할 수만 있다면 봉이 김선달에게 물어보고 싶다. 겉으로 보면 사기꾼이지만 속으로 보면 의인(義人)일 수도 있는 인물이 김선달이다. 그런 그를 역사의 뒷길에서 불러낼 수만 있다면 그 참에 국가의 균형발전에 대한 그의 의견도 들어보고 싶다.

(2010)

자우언라이 원자바오

십여 년 전인가 일이다. 교환학생으로 찾아온 중국 요령대학의 한 여학생에게 가장 존경하는 너희나라 인물이 누구냐는 질문을 던진 적이 있다. 노년에 물 만난 덩샤오핑(鄧小平)이 개혁개방의 기치를 걸고 종횡무진 대활약을 펼치던 때라서 당연히 그 대답이 나올 줄 알았다. 그러나 그 여학생은 한 치의 망설임도 없이 저우언라이(周恩來) 총리라고 대답했다. 내심 덩샤오핑 아니면 그 다음으로 마오쩌둥(毛澤東)을 예상하고 있었는데 의외의 대답이 튀어나온 것이다.

그 후로도 몇 차례 중국을 여행하면서 확인을 해볼 겸 현지인들에게 같은 질문을 던져 보았다. 역시 돌아온 대답은 한결같았다. 과거 장쩌민(江澤民)이 있을 때도 그랬고 후진타오(胡錦濤)가 들어선 지금도 그렇다. 중국 도처의 라오바이싱(老百姓)들은 존경하는 저우언라이 총리를 입에 올리며 무슨 보물단지라도 되는 것처럼 이 외국인 앞에서 자랑을 늘어놓고는 했다.

단정한 몸집과 말쑥한 얼굴에 유난히 숱이 많은 검은 눈썹으로 기억되는 이 "영원한 인민의 벗"은 특유의 중국 인민복을 늘 수선해 입었고 재해 현장에는 제일 먼저 달려가 인민들과 더불어 그들의 상한 마음을 쓸어주었다고 한다. 유언한 바대로 한줌의 재가 되어 고향에 뿌려진 그가 남긴 재산은 5천 위안, 우리 돈으로 환산하면 60만원이었다.

그런데 한 달여 전이던가, 뜻밖에도 저우언라이를 떠올리게 하는 사건 하나를 지면을 통해 접하게 되었다. 신문기사에는 "11년 전 그때 그 옷"이라는 헤드라인 아래로 각각 "2006년"과 "1995년"이라는 연대만 제시한 두 장의 사진이 나란히 게재되어 있었다. 그리고 사진 속에서는 낡고 색이 바랜 점퍼를 입은 노인의 그윽한 눈길이 흘러나오고 있었다. 현재의 중국 총리 원자바오(溫家寶)였다.

춘절(春節) 전날 원자바오가 산동성 일대의 농가를 방문하는 길에 입고 간 점퍼가 10여 년 전 겨울 같은 지역을 방문했을 때 입은 바로 그 옷이었다고 한다. 그것을 눈 밝은 한 네티즌이 카메라로 찍어 11년 전 당시 사진을 구해서 나란히 인터넷에 올린 것이다. "자세히 보고 또 봤지만 11년 전 바로 그 점퍼였다. 총리는 아직도 그 겨울옷을 입고 있었다. 총리여, 아 총리여!" 사진을 올린 네티즌의 감동 어린 코멘트가 그 아래 붙어 있었다.

'라오치(老旗)'라는 이름의 이 네티즌이 올린 사진과 글은 삽시간에 중국 전역으로 퍼져 나갔고, 그 아래 수많은 댓글이 달리면서 중국 라오바이싱들의 심금을 울려주었다. "주름지고 헤진 녹색 점퍼를 입은 총리, 그는 보통의 노인 같다." "나도 모르게 눈물이 흐른다. 우리가 이런 총리를 갖고 있다는 게 행복하다. 조국과 인민에게 희망이 있다.” “감동했다. 부디 원 총리가 갈수록 저우언라이 총리를 닮기를……”

끼리끼리 어울려 다니다가 사고나 치고 툭하면 서로 원수가 되어 핏대를 올리는 모습만 봐온 우리의 처지인지라 솔직히 부러운 마음이 들었던 것이 사실이다. 국민들은 사소한 데까지 관심을 두고 있고 기대를 하고 있고 또 별것도 아닌 일에도 감동을 먹는다는 사실을 부디 우리의 새 총리 지명자께서도 알아줬으면 싶다.

(2006)

나무들 비탈에 서 있어도

연전에 작고한 소설가 황순원 선생은 평생 동안 소설 이외에는 어떠한 형식의 글도 발표하지 않은 것으로 유명하다. 그런데 그 어른도 예외가 있었던 것이, 당신의 작품을 두고 문학평론가 백철 선생이 논쟁을 벌여왔을 때 딱 두 번 작가로서 자신의 견해를 신문에 기고한 적이 있었다. 그래서 더욱 세간의 화제가 된 작품이 '나무들 비탈에 서다'였다. 한국전쟁 직후 황량한 세상으로 쫓겨나다시피 한 젊은이들의 방황과 소외를 그린 소설이다.

1960년 잡지 '사상계(思想界)'에 발표를 하고 다시 그것을 책으로 엮어냈으니 나이로 따지자면 내 나이와 엇비슷해지는 작품이 이 소설이다. 느닷없이 이 소설을 떠올리는 것은 역시 제목이 풍겨주는 독특한 분위기 때문일 것이다. 그 책은 선생의 또 다른 소설 '인간접목'과 함께 어린 시절 내 아버지의 책상 한 구석에 꽂혀 있었다. 그때는 아무리 읽어봐도 무슨 내용인지 의미를 잡아내기가 어려웠다. 어려워서 알 수는 없었지만 제목을 생각하면 늘 비탈진 언덕에 위태롭게 서 있는 형과 누이들의 모습이 떠오르곤 했다.

아이들을 키우고 또 그 아이들이 커가는 동안 '나무들 비탈에 서다'를 연상하게 되는 일이 종종 있었다. 전후 세대와 2002년 월드컵 세대로 불리는 지금의 아이들, 그 두 세대의 어슷비슷한 삶의 패턴이 빚어낸 결과가 아닐까 싶다. 도시에서 아이들을 키우는 일이란 엄밀히 말하면 키우는 것이 아니라 만들어내는 것이다. 아이들은 하나의 거대한 콘크리트 덩어리 속에서 뿌리 내릴 땅을 찾기도 쉽지 않다. 놀고 싶어도 놀 자리가 없기 때문에 노는 아이들이 보이지 않는 것이다.

어디 그것뿐인가? 한국에는 학부모 점수가 있다는 말이 있다. 그 말처럼 학부모는 자기 아이의 학습 스케줄을 관리하는 매니저로 나서야 한다. 그러한 구조 속에서 우리 아이들은 왜 치러야 하는지도 모르는 전쟁을 하루하루 치르고 있는 것이다. 방학이 되면 아이들은 더욱 바빠진다. 이번에는 평지가 아니라 비탈인 것이다. 그런 아이들을 보면서 내가 느끼는 안타까움이란 악어의 눈물……? 알묘조장(揠苗助長)이 먼 옛날의 다른 나라 이야기가 아닌 것이다.

그런데 놀라운 일이 벌어졌다. 아니 놀라운 일을 목격한 것이다. 엊그제 밤 친구들과 축구를 하겠다고 집을 나선 큰아이의 뒤를 따라서 가본 곳. 집 근처의 중학교 운동장은 이미 흥미진진한 놀이의 현장이 되어 있었다. 학원을 갔다 오고 과외를 받고 오고 그렇게 해서 시간을 맞춘 아이들이 공을 차느라고 정신들이 없었다. 한쪽에서는 축구를 하고 또 한쪽에서는 농구를 하고 운동장 전체가 밤의 열기로 달아오르고 있었다.

그랬다. 그들은 그들의 마지막 해방구로 그 늦은 시각에 용케도 운동장을 찾아낸 것이다. 서로의 스케줄을 조정하기는 애초부터 어려운 일, 그리하여 그들은 잠자는 시간을 쪼개어 그들만의 자리를 마련하고 밤공기 흐르는 그 시각에 거기 모여든 것이다. 다행히 운동장은 어둡지 않았다. 편의점, 학원, 음식점, 헬스클럽, 문구점에 교회까지 운동장을 에워싼 광고물의 조명 효과가 보기보다는 상당했다.

손바닥만 한 운동장이었지만 몸으로 부대끼지 않으면 감당하기 어려운 그들은 각자의 성장점을 찾아서 흙바닥 깊숙이 땀을 뿌리며 서로를 다져주고 있었다. 경쟁이 빚어낸 생존의 현장에서 쫓기고 쫓기다가 거기까지 밀려난 우리 아이들을 보면서 다시 생각난 것이 '나무들 비탈에 서다'였다. 아이들은 그러나 비탈에 서 있기는 했어도 어느새 다들 뿌리를 내리고 있었다. 서로 부딪치고 서로의 몸을 부비면서 키를 키우고 덩치를 늘려가고 있었다.

황순원 선생은 나중에 '나무들 비탈에 서다'를 책으로 엮으면서 몇 군데 대목을 손질했다고 들었다. 무엇을 어떻게 고쳤는지 자세한 사항은 모르겠으나 그것이 어떤 희망과 관련이 있는 것은 아니겠는가 하는 근거 없는 추측을 내려 본다. 중학교 3학년이면 열다섯 살, 옛날로 따지자면 관례를 치르는 나이이다. 나는 그들의 해방구를 빠져나오면서 안심을 했다. 그리고 자정이 훨씬 넘은 그 시각까지 운동장을 개방한 학교에 대해서도 흐뭇한 감사의 인사를 보내고 있었다.

(2004)

대설주의보 그 후

해질 무렵에 눈이 내리면 박용래 시인을 생각하는 것이 내 오래된 습관 중의 하나다. "늦은 저녁때 오는 눈발은 말집 호롱불 밑에 붐비다 / 늦은 저녁때 오는 눈발은 조랑말 발굽 밑에 붐비다 / 늦은 저녁때 오는 눈발은 여물 써는 소리에 붐비다 / 늦은 저녁때 오는 눈발은 변두리 빈터만 다니며 붐비다."

박용래 시인이 이 시 '저녁눈'을 발표하던 그 시절 나는 시인의 이웃동네에 사는 초등학교 다니던 아이였다. 물론 그때는 시인의 존재도 이와 같은 작품도 당연히 모르는 것이었다. 나와 같은 학년에 조용하고 예쁘장하고 그림을 아주 잘 그리는 여자 아이가 하나 있었는데 그 아이 아버지가 시인이었다는 사실도 모르고 있었으니까 말이다.

그때 박용래 시인이 사는 오류동에는 실제로 말집이 하나 있었다. 아파트 단지가 들어선 지금은 흔적도 찾기 어렵게 되었지만, 큰길에서 방적공장의 담을 따라 서대전역 방향으로 가다가 보면 오른쪽 골목께로 허름한 집이 있고 그 집 한 구석에 마구간이 붙어 있었다. 저녁 무렵 그 집 앞을 지나가면 말이 여물을 씹고 있거나 허옇게 김을 뿜는 광경을 볼 수 있었다.

물론 박용래 시인이 바로 그 말집을 보고 시를 써냈다고는 할 수 없을 것이다. 이제는 고인이 된 이문구 선생이 박용래 시인의 약전(略傳)을 쓰는 자리에서 시인의 집이 있던 "오류동 17번지의 15호" 가까이에는 주막이 하나 있고 짐꾼들의 "나귀랑 노새랑 황소랑 하품 섞인 투레질이 그치지 않던 곳"이었다고 지적을 해놓았으니 말이다. 내가 본 마구간은 그와는 달리 말은 늘 한 필만 매여 있었고 사람의 모습이 보이는 경우는 드물었다.

눈이 내려 바닥이 질척하고 찬바람이 무시로 드나드는 마구간, 호롱불 불빛이 밝아오는 늦은 밤에 아직도 남아 있는 해야 할 일들, 그래서 저녁에 내리는 눈은 더욱 심란했다. 심란하기는 했지만 그래도 정겨운 눈이었다. 어릴 적 기억 하나를 되돌려 준 그 시가 있음으로써 이 눈물의 시인을 좋아하게 되었는지도 모른다. 요컨대 내 눈에 익은 저녁 눈은 시인이 작품으로 그려놓은 것처럼 춥고 축축하고 쓸쓸한 질감이었다.

새벽 3시까지 책장을 넘기다가 굵은 빗소리를 듣고는 잠이 들었는데 아침에 일어나 보니 온 천지에 "백색의 계엄령"이 발령되어 있었다. "눈더미의 무게로 소나무 가지들이 부러질 듯 / 다투어 몰려오는 힘찬 눈보라의 군단, / 때죽나무와 때 끓이는 외딴 집 굴뚝에 / 해일처럼 굽이치는 백색의 산과 골짜기에 / 눈보라가 내리는 백색의 계엄령."

1982년에 최승호 시인은 이 시 '대설주의보'를 발표했다. 거기에 등장하는 "계엄령"은 폭압으로 상징되는 당시의 정치 현실을 우의한 것으로 풀이된다. 그런데 대설주의보와 함께 쳐들어온 이번의 폭설 또한 "백색의 계엄령"이 되기에 부족함이 없었다. 24시간이 지나도록 고속도로에 갇혀 있었다는 풍문과도 같은 사실 하나만으로도 충분히 비상사태를 연상할 수 있었기 때문이다.

여기저기 눈 속에 처박혀 있는 승용차들, 눈길 위로 길게 이어지는 걷는 자들의 행렬, 비상 사이렌을 울리며 도로를 질주하는 제설 차량, 그리고 몇몇 부지런한 사람들의 손에 들려 있는 제설 도구들이 1백년 만에 내렸다는 폭설 그대로 평생에 한 번 볼까 말까한 광경들을 연출하고 있었다. 이 어찌 비상사태가 아니고 무엇이겠는가?

며칠이 지나고 나면 "백색의 계엄령"은 풀릴 것이다. 그러나 나는 주말 내내 땅에 쌓여 있는 거대한 눈더미를 바라보고만 있었으니 그것이 부끄러울 따름이다. 기막힌 설경을 놓치겠다 싶어 산으로 달아날 생각부터 했었으니 그것도 부끄러운 일이다. 이웃 아파트보다 더 두껍고 더 땅땅하게 얼어 있는 내 아파트 저 아래 주차장의 얼음덩어리가 다시 한 번 나를 부끄럽게 만든다.

그리하여 다시 박용래 시인을 생각했다. 그가 이 광경을 목격했더라면 하루 온종일 눈물을 흘렸을 것이다. 놀라움과 부끄러움에 앞서 눈물부터 흘렸을 것이다. 자신의 가슴을 꽝꽝 치며 눈물을 흘렸을 것이다. 이 세상 모든 놀라움과 이 세상 모든 부끄러움을 가슴에 다 담아서 경우 없는 세상을 꾸짖으며 하염없는 눈물을 흘리고 있었을 것이다. (2004)

도청도설, 자기계발

잃어버린 감수성을 회복하는 일 … 72
새삼 고맙고 자랑스러운 한글 … 76
옛이야기 속의 노인 … 80
위대한 감성의 리더십 … 83
허난설헌, 알파걸의 또 다른 면모 … 87
소제방죽의 노블레스 오블리주 … 91
작은 것을 볼 줄 안다 … 95
정주영 회장의 생전 모습 … 99
책을 좋아하는 리더 … 103
자신의 직분에 충실한 삶 … 106
또 하나의 우리 문자 … 109
열과 불열의 경계 … 112
아버지의 모습 … 115
아침형 인간 … 118
단지 효과 … 121

잃어버린 감수성을 회복하는 일

"형님 얼굴 누구를 닮았던가? / 아버님 그리울 때 형님 얼굴 보았지. / 오늘 형님 그리운데 어디서 보나? / 의관을 갖추어 시냇물로 내려가네." 3부자가 다 같이 닮은 얼굴이었던 모양이다. 아버님이 돌아가시자 형님을 보면서 아버지를 생각할 수 있었는데 형님까지 세상을 떠나자 하릴없이 물에 비친 자신의 얼굴로 형님을 회상한다는 사연이 바탕에 깔려 있다. 연암 박지원의 칠언 절구 '연암억선형(燕巖憶先兄)'이다.

이제마(李濟馬)가 '동의수세보원(東醫壽世保元)'에서 정리한 사상의학(四象醫學)에 의하면 사람은 체질에 따라 태양인과 태음인, 그리고 소양인과 소음인 등 네 가지로 분류된다고 한다. 그런데 현재 전하고 있는 연암의 초상화에 의하면 상체가 크고 눈초리가 사정없이 올라간 연암이야말로 1% 내외밖에는 안 된다고 하는 태양인임이 분명하다. 물론 그 시대는 사상의학의 개념이 생겨나기 전이었다.

그림으로 대하는 연암의 모습이로되 그 풍모를 견주어보면 '연암억선형' 같은 섬세한 작품이 그의 손에서 빚어졌다는 사실이 놀랍기까지 하다. 아버지가 일찍 세상을 떠났으나 그때는 그나마 형을 보고 아버지의 모습을 떠올릴 수 있었다. 형의 얼굴이 아버지를 빼닮았기 때문이다. 이제 형마저 세상을 떠나고 없으니 아버지는 어디서 볼 것이며 형은 또 어찌 그려볼 수 있겠는가? 깊은 탄식과 함께 시냇물로 달려 내려가 자신의 얼굴을 비추어보는 연암의 뒷모습이 눈에 선하다.

'열하일기'에서 찾아볼 수 있는 연암의 면모는 질풍노도, 좌충우돌, 종횡무진, 절차탁마 그 자체다. 그만큼 변화가 무쌍하기 그지없는 인물이 연암이다. 18세기 조선의 이 지성은 끝없는 지적 탐구와 현실개혁의 의지를 불사르며 자신의 나라가 난국을 타개해나갈 수 있는 방책에 대한 실험으로 평생을 골몰하였다. 그런데 그 칼날 같은 이론가이자 실천가도 마음 한구석 밑바닥에는 '연암억선형'과 같은 감성이 흥건히 고여 있었던 것이다.

20여 년 전의 한 보일러 광고를 기억하고 계시는지……. 상식을 뒤흔드는 이야기이겠지만 겨울에는 보일러가 안 팔린다고 한다. 대신에 더운 여름철이 보일러의 성수기라는 그 업종의 이야기들이 있다. 1991년 여름, 그만그만한 보일러 업체들 중 K보일러에서 광고를 만드는 일이 있었다. G보일러나 R보일러 정도가 유명세에 힘입어 차별화되어 있을 뿐 몇몇 군소 회사들이 나머지 시장을 분점하고 있을 때였다.

K보일러도 그 나머지 회사들 중의 하나였다. 이럴 때 광고는 다른 회사와 차별이 되는 점을 찾아내야 한다. 일을 맡은 광고사는 여러 차례 내부 회의를 거쳐 '효(孝)'를 광고의 주제로 정

했다고 한다. 대도시는 이미 가스 시대로 접어들어 보일러가 필요 없었으나 시골에는 아직도 연탄보일러를 쓰는 집들이 적지 않았다. 그것을 기름보일러로 바꾼다면 시장의 규모는 어마어마하게 커지는 것이다. 문제는 시골에 사는 사람, 특히 노인들의 경제력이었다. 구매력을 높이기 위해서는 그것부터 해결하여야 했다.

추운 겨울날 밭일에서 돌아온 늙은 부모가 집으로 들어와 방구들부터 만져본다. 온종일 비어 있던 방안에 온기가 남아 있을 리 없다. 그러자 바로 도시에 나가 있는 자식들 걱정부터 하기 시작한다. "날도 추운데 애들 잘 있나?" "글쎄다." 독백처럼 뱉어내는 두 노인의 대화를 광고는 무심하게 처리했다. 이어지는 카피 또한 도시에 사는 며느리의 목소리로 간단하게 처리하고 넘어갔다. "여보, 아버님 댁에 보일러 놓아드려야겠어요."

광고가 나간 지 얼마 되지 않았는데 제품이 죽죽 팔려나가기 시작했다. 보너스 달에는 시공을 하기에도 손이 모자랄 지경이었다고 한다. 3년 동안 적체된 재고 물량이 6개월을 넘기지 않고 몽땅 빠져나갔다. TV광고를 접한 도시의 아들딸들 내외가 이 겨울에 시골집에서 고생하고 계시는 부모님을 떠올렸던 것이다. 이와 같은 감성을 우리는 특별히 감수성(sensitivity)이라는 말로 표현한다.

이제는 어지간한 시골에도 기름보일러가 보급되어 훈훈한 겨울을 날 수 있게 되었다. 20년 전 보일러 광고를 접한 도시의 자식들이 시골의 부모에게 하나씩 장만해드린 결과로 애써 풀이해 본다. 하지만 아직도 도시의 뒷골목에는 겨울이면 연탄을 때는 집들이 적지 않다고 한다. 저소득층이나 특히 독거노인들의 경우는 낱장의 연탄에 의지하여 한 해 겨울을 난다는 것이다.

차제에, 이 겨울을 앞두고, 카피를 바꾼 또 하나의 보일러 광고가 출현했으면 싶다. 그것은 이를테면 우리의 잃어버린 감수성을 회복하는 데도 기여할 수 있는 아주 뛰어난 광고가 되지 않을까싶다. 독거노인들이 주인공이 된 그러한 광고 말이다. 그분들 또한 우리의 아버지이고 또 우리의 어머니가 아니던가?

(2012)

새삼 고맙고 자랑스러운 한글

우리말 중에 '눈부처'라고 하는 아주 재미있는 어휘가 있다. 눈동자에 비친 사람의 형상을 뜻하는 말이다. 내가 누구와 마주하여 그의 눈을 들여다볼 때 그의 눈동자에는 그를 들여다보는 나의 모습이 점과 같이 맺히게 된다. 검은 빛의 수정체를 중심으로 눈동자의 볼록한 면 위에 마주 대하고 있는 사람의 얼굴이나 상반신이 잔상처럼 슬쩍, 하지만 또렷하게, 비치는 것이다. 그것을 표현해놓은 말이 '눈부처'다.

검은 눈동자에 맺히는 상이 둥근 부처의 형상을 띠고 있어 그렇게 이름이 붙었을 것으로 짐작되는 이 '눈부처'는 일상의 언어생활에서는 거의 쓰이지 않는 어휘였다. 그런데도 그것이 제법이나 일반인들에게까지 알려졌고 시나 소설에서도 간간히 쓰임이 목격되는 것은 정호승 시인의 시 '눈부처'의 공이 크지 않았는가 여겨진다. '눈부처'는 1987년에 발표된 그의 시집 '새벽편지'에 실려 있는 작품이다.

"내 그대 그리운 눈부처 되리 / 그대 눈동자 푸른 하늘가 / 잎새들 지고 산새들 잠든 / 그대 눈동자 들길 밖으로 / 내 그대

일평생 눈부처 되리 / 그대는 이 세상 / 그 누구의 곁에도 있지 못하고 / 오늘도 마음의 길을 걸으며 슬퍼하노니 / 그대 눈동자 어두운 골목 / 바람이 불고 저녁별 뜰 때 / 내 그대 일평생 눈부처 되리"

시인은 언젠가 제 아기의 눈동자에 비친 자신의 모습을 보고 깜짝 놀란 적이 있다고 했다. 갓 태어난 아기가 차차 자라서 눈을 뜨고 시인을 쳐다보기 시작했을 때 아기의 아버지가 된 시인은 아기의 맑고 푸른 눈동자에 매료되었다는 것이다. 이와 같은 경험은 자식을 낳고 키워본 사람이라면 다들 한두 번쯤은 있었을 법한 일이리라. 더 나아가, 시인처럼 아기의 눈동자에 비친 자신의 모습을 발견하면서 놀라고, 놀라면서 행복해하고, 행복해하면서 자신을 부끄러워하기도 했을 것이다.

그러나 시인은 거기서 그치지 않고 그 감동을 글로 표현하고 싶어 했다. 아기가 초등학교에 입학하고 난 뒤의 어느 날, 무심코 국어사전을 뒤적거리던 시인은 '눈부처'라는 말과 함께 그 옆에 붙어 있는 풀이를 발견하고는 놀라 무릎을 탁 치고 말았다는 것이다. 2001년에 나온 그의 산문집 '인생은 나에게 술 한 잔 사주지 않았다'에 수록된 경험담이다. 이 책에는 '눈부처'를 발견했을 당시 시인이 느낀 감회의 일단이 이렇게 소개되어 있다.

"눈부처! 이 얼마나 아름다운 말인가. 우리 선인들은 어찌 이런 말까지 생각해내었을까. 일찍이 어떤 선인이 있어 아기의 눈동자에 비친 자신의 모습을 그려내려고 고심하다가 문득 이런 말을 쓴 것이 아닐까. 한 사람의 눈동자 속에 비친 또 한 사람의 모습을 '눈 속에 앉아 있는 부처'로 표현한 선인의 마음이 내 마음속 깊이 퍽이나 아름답게 전달되었다.”

그런데 시인은 거기서 한 걸음 더 나아가 사랑하는 이의 눈에 비친 사랑하는 사람의 모습을 눈부처로 모아내 한 편의 시를 만들어냈고, 시 ‘눈부처’는 그렇게 해서 세상에 모습을 드러내게 된 것이다. 눈부처가 되려면 함께 있어야만 한다. 내가 그대의 눈부처가 되겠다는 말은 “나는 그대를 사랑합니다.”라는 뜻을 품고 있다. 그 말은 또한 “나는 그대의 사랑을 받고 싶습니다.”라는 뜻을 품고 있다. 그리고 그 사랑은 영원한 사랑이 될 것이라는 뜻까지 품고 있다.

시인의 섬세한 눈길이 잃어버리다시피 되어버린 우리말 어휘 하나를 찾아냈고, 거기에 새로운 생명과 향기를 불어넣어 보석처럼 반짝이는 새것 같은 어휘로 다시 태어나도록 한 것이다. 이 어찌 놀라운 일이 아니겠는가. 동화작가 정채봉은 이 같은 사연을 시인으로부터 직접 듣고는 자신의 똑같은 기억을 떠올리며 “정작 아름다운 것은 사랑하는 사람의 눈동자 속에 비친 자신의 모습”이라고까지 했다. 그의 산문집 ‘눈을 감고 보는 길’에서 목격한 발언이다.

고전소설 중에 ‘장끼전’에도 이 비슷한 용례가 들어 있는데 분위기는 사뭇 차이가 있다. 덫에 치여 숨이 넘어가는 장끼가 그의 아내 까투리에게 이렇게 말을 한다. “눈청을 살펴보소. 동자부처 온전한가.” 그 말을 들은 까투리의 대답이다. “이제는 속절없네. 저편 눈의 동자부처 첫새벽에 떠나가고 이편 눈의 동자부처 지금 떠나가려고 파랑보의 봇짐 싸고 곰방대 붙여 물고 길목버선 감발하네.” 생사의 길목에 서 있는 두 남녀의 처절

한 정황이 눈앞에 그려진다.

'눈부처', '동자부처', 참 재미있는 말이고 보석과도 같이 아름다운 우리말이다. 이런 말들을 다 붙잡아서 고스란히 전해주고 있는 우리글 한글이 새삼 고맙고 새삼 소중하고 새삼 자랑스럽다. 오늘은 한글날이다.

(2012)

옛이야기 속의 노인

노인의 나이가 칠순이 되면 산속에 갖다 버리는 나라가 있었다. 어머니 연세가 거기에 이르자 아들이 어머니를 지게에 지고 산으로 들어갔다. 가는데 어머니가 계속 나뭇가지를 꺾어 길에 던지는 것이었다. “어머니 지금 뭘 하시는 건가요?” 아들이 묻자 어머니가 대답했다. “그래, 너 돌아갈 때 길을 잃을까봐 염려가 되어 그러는 것 아니냐? 그러니 너는 내가 뿌리는 나뭇가지를 따라 내려가기만 하면 된다.”

순간 아들의 눈에 핑하니 눈물이 고였다. 그리고는 이내 가던 길을 되돌아 집으로 내려왔다. 그날부터 아들은 마루 밑에 굴을 파고 그 안에 노모의 거처를 마련했다. 주위 사람들의 눈을 피해 조석으로 음식을 나르며 정성껏 어머니를 봉양했다. 국법을 어겼으나 눈치 챈 사람이 아무도 없었다.

어느 날 나라에 큰 우환이 생겼다. 이웃나라의 사신이 찾아와 이렇게 말을 전했다. “이 문제를 풀지 못하면 우리 왕께서 쳐들어오겠다고 합니다.” 약한 나라를 깔보고 침략의 빌미를 만들려는 수작이었다. 문제는 이러했다. “똑 같은 말 두 필 중 어느 쪽이 어미이고 어느 쪽이 새끼인가?”

문제의 답을 조정에서는 아는 사람이 하나도 없었다. 그러자 모든 고을에 방을 붙여 답을 구하기 시작했다. 답을 아는 자에게는 큰 상을 내린다고 했다. 아들도 그 방을 보았으나 답이 떠오르지 않았다. 집에 돌아온 아들이 무심코 그 이야기를 노모에게 전했다. "그게 뭐 그리 어려운 일이냐. 말을 굶긴 뒤 당근 한 포기를 가운데 놓아 보거라. 밀어내는 쪽이 어미이고 먼저 먹는 쪽이 새끼란다."

세월이 흘러 이웃나라에서 다시 문제가 날아왔다. 네모 난 나무토막을 보여주고는 어느 쪽이 위고 어느 쪽이 아래인지 맞추는 문제였다. 조정 대신들이 이리저리 살펴보았지만 분간할 수가 없었다. 다시 지난번처럼 고을마다 방을 붙였다. 아들이 다시 노모에게 물어보자 이번에도 술술 답이 나왔다. "그것도 모르느냐? 물속에 던져봐라. 가라앉는 쪽이 뿌리가 아니겠느냐?" 아들은 이번에도 큰 상을 받았다.

어려운 문제를 척척 풀자 이번에는 이웃나라에서 깜짝 놀랐다. 그리고는 마지막이라면서 다시 문제를 보내왔다. 그런데 이번에는 문제가 아니라 과제였다. 재로 새끼를 꼬라는 것이었다. 손끝만 대어도 부스러지는 재를 가지고 어떻게 새끼를 꼰단 말인가? 조정은 다시 깊은 걱정에 휩싸였다. 오랜 논란 끝에 연거푸 답을 맞춘 그 사람을 찾아 그에게 맡길 수밖에 없다는 결론이 내려졌다.

아들이 노모에게 다가가 다시 물어보았다. "어머니, 재를 가지고 새끼를 꼴 수 있나요?" 노모가 대답했다. "그럼 할 수 있지. 새끼를 꼰 다음 거기에 기름을 부어라. 그리고는 불을 질러

보거라. 그러면 될 것이다.” 세 번째 문제까지 맞추자 임금이 아들을 불러 물었다. “너는 어찌 이런 놀라운 지혜를 지니고 있는가?” 아들이 머리를 조아리며 아뢰었다. “제가 임금님을 속였습니다. 문제는 제가 푼 것이 아니옵니다.”

“그건 또 무슨 소리냐? 네가 풀지를 않았다니?” 의아한 표정으로 임금이 다시 물었다. “문제를 푼 사람은 저의 노모입니다. 노인을 버리라는 법을 어기고 몰래 모신 지가 여러 해 되었습니다. 저를 벌하여 주소서.” 그러자 임금이 탄식을 하며 말을 받았다. “어허, 그것이 다 노인에게서 나온 지혜였다는 말인가? 여봐라. 오늘부터 당장 노인들을 버리는 법을 없애도록 하라.”

노인들의 지혜가 빛을 발휘하던 시절이 있었다. 농경시대에는 당연한 일이었고 산업시대에 들어서도 한동안 장로(長老)가 군림하는 시절이 이어졌다. 노인이 세상을 떠나면 서재 하나가 없어졌다고 할 정도로 지혜가 있고 지식도 많은 존재가 노인이었다. 때문에 노인은 공경의 대상이 될 수 있었고 경로의식은 그러한 바탕 위에서 자연스럽게 형성된 풍속이었다.

조간신문에 실린 원로 디자이너 노라노 여사의 인터뷰 기사를 보던 중 한 대목이 눈길을 잡아끌었다. “야망과 도전은 달라요. 나는 도전하는 사람이지 야심은 없어요.” 올해 84세가 되었다는 그 분의 입에서 나온 말이다. 시대가 바뀌었지만 노인이 되어도 공경을 받을 자격이 있는 사람은 받게 되는 법이다. 젊은이들의 경로의식이 문제라고는 하는데 그것이 꼭 젊은이들의 문제라고만 하기도 또 어려운 세상이 되었다.

(2012)

위대한 감성의 리더십

몇 해 전 문화체육부에서 전국 규모의 지리지(地理志)를 편찬한다는 소식을 알려 왔다. 각 지역의 문화원을 중심으로 대대적인 사업을 펼쳐 '동국여지승람(東國輿地勝覽)'을 뛰어넘는 성과를 거두겠다는 장담이 뒤따랐다. 신문에서 그와 관련한 소식을 접하고 손뼉을 치며 반가워했다. 조선시대 성종 때 '동국여지승람'이 편찬된 이래 무려 5백 년이라는 긴 시간이 흘러갔지만 그것을 뛰어넘는 책이 아직 나오지 않고 있기 때문이다.

기대가 크면 그 만큼 실망도 크다고 했던가? 그 후 그 사업의 성과물이 간행되었다는 소식은 좀처럼 들려오지 않았다. 하기야 지리지에 대한 사회적 관심은 한정된 것일 테고 그래서 사업을 시작할 때도 귀퉁이 소식뿐이었는데, 이제 성과가 나왔다고 한들 언론이 뭐 그리 크게 그 소식을 취급해주었겠는가? 그 성과물을 본 것은 그로부터 또 한참이 지난 뒤 지역의 어느 문화원을 우연히 들렀을 때다. 책꽂이에 그 비슷한 책 몇 권이 한 묶음 꽂혀 있는 것이 눈에 들어왔다.

'혹시'가 '역시'가 되는 순간이었다. 정부에서 하는 일들은 왜

다 그렇고 그런 것들뿐인가? '동국여지승람'과는 애초에 비교할 수가 없고 1970년대에 '뿌리깊은나무'에서 간행한 '한국의 발견'에도 크게 못 미치는 내용이었다. 그 수상쩍은 책의 책장을 넘기면서 '동국여지승람'의 빛나는 성취를 다시금 생각하게 되었다.

"있으렴 부디 갈까 아니 가든 못할소냐. / 무단히 싫더냐 남의 말을 들었느냐. / 그래도 하 애달파라 가는 뜻을 일러라." 조선 제9대 임금 성종(成宗)이 지은 시조다. 이 시조는 성종이 사헌부 장령 유호인(兪好仁)에게 들려준 것이라고 한다. 유호인은 성종의 어명을 받들어 '동국여지승람'의 증보수정작업에 참여했던 인물이다.

성종은 유호인을 무척 아꼈던 듯하다. 유호인이 칠십 노모를 모시고자 벼슬을 사직하고 집이 있는 경상도 선산으로 돌아가려고 했다. 임금으로부터 잠시 떠나는 것이지 임금을 버리는 것이 아니었다. 하지만 임금인 성종의 마음은 편치 못했다. 훈구파 세력이 득세한 조정에서 유호인과 같이 사림(士林)에 속한 인물 하나가 아쉬웠던 것이다. 유호인은 사림의 거두 김종직(金宗直)의 문인이었다. 신하를 위하여 전별 자리를 마련하고 술이 거나하게 취하여 이렇게 읊조렸다고 하니 떠나는 신하도 꽤나 발걸음이 무거웠을 것이다.

이처럼 이 시조는 임금과 신하 사이에 흐르는 절절하고 흐뭇한 정 때문에 더욱 널리 알려지게 되었다. 성종은 유호인에게 고향집에서 가까운 합천군수를 맡겼다고 한다. 벼슬에서 물러나지 않고도 노모를 봉양할 수 있게끔 배려해준 것이다. 그러나 유호인은 그로부터 넉 달이 채 지나지 않아 느닷없는 병을 만나 세상을 하직한다. 그때 또 성종의 애석함이 어떠했을 것인가?

"선비는 자신을 알아주는 임금에게는 목숨을 바친다." 그런데 그러한 일이 어디 꼭 선비라고 해서 그렇겠는가? 그렇다면 다음과 같은 말도 또한 가능해진다. "신하는 자신을 인정하는 주군을 위해서는 신명을 바친다." 또는 이런 말도 성립할 것이다. "부하는 자신을 아껴주는 상사를 위해서는 최선을 다한다." '사기(史記)'의 '손자오기열전'에는 다음과 같은 감동적인 이야기가 하나 실려 있다.

위나라 장군 오기(吳起)는 병사들과 음식도 함께 먹고 옷도 똑같은 것을 입었다. 잠을 잘 때도 병사들과 함께 잤고 행군 중에도 말을 타지 않았다. 매사를 병사들과 똑같이 하는 장군을 부하들은 저절로 존경하게 되었다. 어느 날 병사 하나가 종기가 나서 고생을 하자 오기가 입으로 직접 고름을 빨아주었다. 이 소식을 들은 병사의 어미가 대성통곡을 했다. 주위 사람들이 우는 연유를 묻자 어미가 이렇게 대답을 했다.

"전에 장군께서 그 애 아비의 종기를 빨아주자 아비는 등을 보이지 않고 싸우다가 죽었소. 이번에는 아들의 종기를 빨아주었다고 하니 이 아이도 어디서 죽을지 모르는 것 아니겠소. 그래서 통곡을 하는 것이지요."

"위대한 리더 앞에서 우리의 마음은 쉽게 움직인다. 그들은 우리의 열정에 불을 붙이고 우리가 가지고 있는 최고 최상의 것을 끄집어낸다. 그 거역할 수 없는 힘의 근원을 설명하라고 하면 대부분의 사람들은 전략이니 비전이니 굳건한 사상이니 하는 것들을 들먹이겠지만, 그 힘의 실체는 보다 깊은 데에 있다. 위대한 리더는 그의 감성을 통해 지도력을 행사한다.”

감성은 잘 드러나지 않지만 그 사람의 언행을 세심하게 관찰해보면 한 눈에 느낄 수 있는 것이기도 하다. 한때 한국에서도 베스트셀러가 된 적이 있던 다니엘 골먼(Daniel Goleman)의 책 ‘감성의 리더십’에서 찾아낸 구절이다.

(2012)

허난설헌, 알파걸의 또 다른 면모

우리 문학사에서 허난설헌(許蘭雪軒)은 천재적인 여류시인으로 자리매김되어 있다. 천품의 자질로 일곱 살 때 이미 '광한전백옥루상량문(廣寒殿白玉樓上樑文)'이라는 빼어난 작품을 지었고 스물일곱이라는 짧은 생애를 살았는데도 2백여 편이 넘는 주옥같은 작품들을 남겨놓았다. 게다가, 아버지 허엽(許曄)에서 오라버니 허봉(許篈) 및 남동생 허균(許筠)으로 이어지는 당대 문한가(文翰家)의 자손이며 백광훈(白光勳), 최경창(崔慶昌)과 함께 삼당(三唐) 시인으로 일컬어지는 이달(李達)의 제자라는 점 등등이 어우러져 허난설헌을 싸고도는 이력은 화려함을 넘어 찬란하기까지 하다.

그러나 혼인 이후 가정적으로는 지극히 불행한 생애를 살다 간 인물이 또한 허난설헌이다. 부부간의 불화 및 시댁식구들과의 불편한 관계 속에서 두 자녀를 먼저 보내는 참척(慘慽)의 불행이 잇따랐고, 아버지의 돌연한 죽음과 오라버니의 유배 및 유배 직후의 죽음을 차례로 겪었다. 허난설헌 본인은 재주를 마음껏 펼쳐보이지도 못하고 젊은 나이에 생을 마감한 애처로운 여인이었다. 그녀의 삶이 보여주는 행과 불행의 가파른 굴곡이 맞춤한 이야기 소재로 떠오를 수 있었는지 허난설헌은 이미 여러 차례 소설 속의 주인공으로 선택된 바 있다.

그리고 이번에 또다시 그녀는 소설의 주인공이 되었고 독자들의 입에서는 다시 그녀의 삶이 화제가 되어 한창 오르내리고 있다. 최문희의 소설 '난설헌'이 '제1회 혼불문학상 수상작'의 타이틀을 차지하고 독자들 앞에 선을 보인 것이다. 매력적인 소재를 이 노년의 눈 밝은 작가가 놓치지 않았으니 원고지 1,400매의 분량으로 허난설헌의 생애를 재구성해놓은 작품이 '난설헌'이다. 나이 오십이 넘어 창작의 길로 들어선 작가가 일흔일곱 살 되는 해에 "아름다운 여인"을 찾아 쓴 소설이 '난설헌'이라고 하니 그것만으로도 놀라운 일이 아닐 수 없다.

소설집의 뒤에 실려 있는 심사평에서도 언급해놓았듯이 이 소설은 "한 여자의 삶을 매우 꼼꼼하게 바느질한 점"이 유난히 돋보인다. 허난설헌이 남겨 놓은 시편들을 한 땀 한 땀 이어가면서 주인공의 생애를 재구성한 서사의 흐름은 고전서사물에서 종종 마주치는 시와 산문의 조화로운 결합을 연상케 된다. 또한, 풍속에 대한 묘사가 세밀하게 전개되는가 하면 인물의 심리 묘사가 여러 방향에서 동시에 진행됨으로써 서정적인 분위기마저 느끼게 해준다. 다만 "요조선녀", "화류장화", "자리보존" 등과 같은 어휘들이 눈에 띄는 것은 옥의 티라고 할 수 있겠는데, 그 또한 너무 많이 공을 들이다보니 빚어진 결과일 수도 있겠다는 생각을 가져본다.

허난설헌을 요즘 말로 표현하자면 알파걸(Alpha Girl)이라고 할 수도 있을는지……? 지적 능력과 도도한 자부심, 높은 성취욕과 충만한 자신감으로 표상되는 알파걸은 가정, 남편, 육아 등의 구속으로부터 비교적 자유로운 성향을 보인다고 한다. 그래서 댄 킨들런(Dan Kindlon)은 알파걸을 일컬어 새로운 여자의 탄생이라고 부르고 있거니와, 그와 같은 알파걸들 중에는 일상적인 일이나 주변 인물들과의 관계 등에 대해서는 의외로 서툰 구석이 많다는 연구 결과가 나와 있다. 소설 '난설헌'에서 만나는 주인공 또한 그와 같으니 그녀를 두고서 시대를 한참 앞서 태어난 알파걸이라고 불러도 무방하지 않을까 싶다.

그런 점에서 남편 김성립(金誠立)이나 시어머니인 송씨(宋氏)에 대한 작가의 일방적인 평가는 비판적 읽기를 요구하는 부분이 아닐 수 없다. 물론 작가는 '일러두기'에서 "오로지 소설로 읽혀야" 하며 "실명으로 등장하는 인물의 성격과 행동 등의 묘사는 그 인물에 대한 평가가 될 수 없다."고 언급해두는 것을 잊지 않았지만, 허난설헌에 대한 제대로 된 평가를 위해서라도 사고의 균형은 지녀야 할 것으로 판단된다. 김성립은 허난설헌 사후 증광문과에 병과로 급제한 인물이고 송씨 부인 또한 이조판서를 두 번이나 역임한 추파 송기수(宋麒壽)의 딸이었다. 문벌로 보면 허난설헌에 전혀 뒤지지 않는 사람들이었다.

허난설헌은 그 시대는 물론이고 지금까지도 여러 가지 풍문에 둘러싸여 있는 인물이기도 하다. 허균이 누이의 작품을 수습하여 중국에서 간행하였다고 하는데 거기 수록된 작품들을 둘러싸고 표절이라느니 위작이라느니 하는 논란들이 거듭 이어졌기 때문이다. 그런데, 허난설헌의 시에 그 같은 혐의를 둔 사람들이 신흠(申欽), 김만중(金萬重), 이수광(李睟光) 등 한결같이 당대를 대표하는 문인이요 명사들이라는 점에서 문제의 소지가 없다고는 할 수 없다. 소설 '난설헌'을 다 읽고 난 다음에도 마음 한 구석에 미진함이 남아 있는 것은 그녀가 아직도 여전히 이러저러한 논란의 한가운데에 머무르고 있다는 점 때문일 것이다.

(2012)

소제방죽의 노블레스 오블리주

들이 넓은 지역에는 크고 작은 저수지들이 있기 마련이다. 특히 벼농사를 짓는 곳은 미리 물을 가둬놓고 써야 할 때는 끌어다 써야 하기 때문에 저수지를 두는 것이 반드시 필요하다. 또한 그러한 평야지대에는 대지주가 있기 마련이다. 세월이 흐르다 보면 점차 몇몇 제한된 사람들에게 돈도 모이고 땅도 모이고 사람들도 모인다. 그래서 지주가 생겨난다. 지주가 되면 그 다음에는 돈이 돈을 만들고 땅이 땅을 만든다. 놀부가 그렇게 해서 생겨났고 옹고집도 그래서 생겨났다.

지주를 제외한 나머지 주변 사람들은 소작농들이었다. 자작농이나 마름도 있었겠지만 봉건시대에 땅에 의지한 사람들 대다수는 소작농 신세를 벗어나지 못했다. 지주에게 예속된 소작농들은 자신의 노동력으로 땅을 일구어 가을 추수가 끝난 뒤 소출의 절반을 지주에게 갖다 바쳐야 했다. 그 과정에서 얼마나 많은 설움과 사연들이 빚어졌겠는가? 놀부나 옹고집의 부정적인 이미지는 그와 같은 배경에서 생겨난 것들이다. 소제방죽 전설의 부자도 그런 인물이었다.

흔히 '장자못 전설'이라고 부르는 이 이야기는 우리나라 전역에 흩어져 있는 광포설화이다. 논농사가 활발했던 전라도, 충청도, 황해도 지역은 어느 고을 어느 들판을 가더라도 이러한 이야기들을 만날 수 있었다. 지금은 메워지고 동네 이름으로만 남아 있는 이 지역 대전광역시 동구 소제동의 소제방죽 전설도 같은 내용의 이야기이다. 너른 들과 거기서 삶을 꾸려야 했던 농투성이들이 만들어낸 그들의 이야기이다.

부자(富者)를 장자(長者)로 표현하고 있다는 점이 이 이야기의 핵심사항이다. 가진 자는 어른이어야 한다. 어른이 되기 위해서는 주변을 품어야 하고 베풀어야 한다. 너그러워야 하고 이끌고 갈 줄 알아야 한다. 경주 최부자집이 아직도 그 명성을 잃지 않고 있는 것은 그 집안이 주변사람들을 끌어안을 줄 알았기 때문이다. 흉년이 들면 놀부는 희희낙락 고리대(高利貸)로 열을 올렸겠지만 최부자는 자기 집 곳간을 열어 사방 1백 리 안에 굶어죽는 사람이 안 나오도록 했다. 그래서 장자인 것이다.

경주 최부자집 이외에도 조선을 대표하는 명문가들이 여러 집 있다. 일세의 명성을 얻고 지금도 그 명성을 유지하고 있는 집안의 내력들을 보면 거의가 비슷비슷하다. 방식이야 다를 테지만 노블레스 오블리주(noblesse oblige)의 사례들을 다들 한두 가지씩은 지니고 있는 것이다. 그들이 명문가가 될 수 있었던 것은 재물이 많아서가 아니었다. 집이 번듯해서도 아니고 인물을 많이 배출해서도 아니었다. 주변사람들로부터 변함없는 인정을 받아왔기 때문이다.

노블레스 오블리주는 귀족의 책무를 강조하는 말로서 처음에는 고귀하게 태어난 사람은 고귀하게 행동해야 한다는 비교적 단순한 뜻이었다. 특권을 향유하면 그에 상응하는 도덕적 임무도 다하여야 한다. 이 당연한 명제가 로마제국의 2천 년 역사를 지탱하였고 그 뒤에는 유럽의 여러 나라로 계승되어 현재에 이르고 있다. 귀족계급이 사라진 지금은 부나 권력 혹은 명예를 쥐고 있는 사회지도층 인사들이 그 자리를 대신하여 그 역할을 수행한다.

주변에서도 노블레스 오블리주를 실천한 훌륭한 기업인들의 사례를 들을 수 있다. 미래산업을 일으킨 정문술 회장도 그러한 분들 중 한 사람이다. 정문술 회장은 자신이 결정한 조금은 이른 은퇴를 앞두고 돈을 제대로 쓸 궁리부터 했다고 한다. 노블레스 오블리주를 실천하고자 마음을 정한 것이다. 회사 안팎으로 조언을 거친 정문술 회장은 어느 유명 대학에 3백억 원이라는 큰 돈을 기부하여 바이오테크 분야의 미래인력을 키우는데 힘을 보탰다.

정문술 회장이 40대 중반에 처음 회사를 시작했을 때 초등학교에 다니는 아들의 도덕 교과서를 보았다고 한다. 우연히 집어든 도덕 교과서에는 이러한 내용이 들어 있었다는 것이다. “더불어 살아야 한다. 약속은 반드시 지켜야 한다. 정직하여야 한다. 겸손하여야 한다. 성실하여야 한다. 솔선수범하여야 한다. 희생할 줄 알아야 한다.”

이후 정문술 회장은 초등학교 도덕 교과서가 시키는 대로 회사를 운영하려고 애를 썼다. 주변에서는 그의 그러한 스타일을 두고 ‘거꾸로 경영’이라는 말로 빈정거리는 일도 있었다고 한다.

도덕 교과서에 있는 것들만 피하면 성공할 수 있다고 믿는 이들에게 정문술 회장은 철없는 사람, 엉뚱한 사람, 융통성 없는 사람으로 비쳐졌을 것이다. 그러나 회사를 사원들에게 물려주고 그 자신 자연인으로 돌아온 지금 '거꾸로 경영'은 '아름다운 경영'으로 이름표를 바꿔 달았다.

워킹푸어(Working Poor)와 청년실업, 그리고 대물림하는 극빈계층의 끝이 안 보이는 행렬 속에서 돈이 있는 곳은 따로 있는 모양이다. 지지부진한 저축은행 조사 및 전직대통령이 터뜨린 대선자금 등등, 이제 그 쪽으로는 아예 기대할 것이 남아 있지 않은 것 같다. 자본주의 체제를 그나마 이렇게라도 유지하기 위해서는 제대로 걷고 있는 기업과 기업인에게 우리의 기대를 걸어야 할 듯싶다.

(2011)

작은 것을 볼 줄 안다

은나라 마지막 천자 주(紂)가 상아로 만든 젓가락을 쓰자 기자(箕子)가 두려워했다. 기자는 생각했다. "상아로 만든 젓가락은 흙으로 빚은 그릇과는 어울리지 않으니 물소 뿔이나 옥으로 만든 그릇에 얹어야 할 것이다. 옥으로 만든 그릇에 콩잎으로 끓인 국을 담을 수는 없으니 코끼리나 표범의 뱃속 태아로 만든 진귀한 음식을 담아야 할 것이다. 코끼리, 표범의 태아로 만든 음식은 짧은 베옷을 입고 초가집에서 먹을 수는 없으니 아홉 겹 비단옷을 걸치고 고대광실(高臺廣室) 화려한 궁궐에 앉아서 먹어야 할 것이다. 나는 이것이 겁나기 때문에 시작을 보고 두려워하는 것이다."

다섯 해가 지나자 과연 주는 고기를 늘어놓은 정원을 만들었고 고기를 굽기 위한 청동 기둥을 설치했으며 술지게미로 만든 언덕에 오르고 술을 부어 연못을 만들었다. 여기서 비롯된 고사성어 주지육림(酒池肉林)은 술과 안주가 즐비한 호사스러운 술자리를 이르는 말이다. 결국 주는 죽임을 당했고 은나라는 무너졌다. 일찌감치 기자는 상아 젓가락 하나를 보고 장차 은나라에 재앙이 닥칠 것을 알았던 것이다. 그래서 노자는 도덕경에서 “작은 것을 보는 것을 밝음[見小曰明]이라고 한다.”고 설파했다. 미미한 것도 헤아려 볼 줄 아는 지혜야말로 진정한 밝음이라는 뜻이다.

그 동안 살던 집을 정리하고 새 아파트로 이사한 것이 지난달이었다. 학교 다니는 아이들 때문에 꼼짝없이 묶여 십오륙 년을 한 자리에서 지내다 보니 어지간히 지겨워졌다는 것이 이사의 변이었다. 아파트 한 채 달랑 지니고 이쪽에서 저쪽으로 옮겨 다니는 처지인지라 큰 손과는 처음부터 거리가 멀었다. 그렇다고 시세차익을 노릴 정도로 민감하지도 못하고 민첩하지도 못한 체질이다. 단지 바라는 것이라고는 조금 더 호젓하고 조금 더 숨쉬기가 쾌적한 집 그것뿐이었다. 아파트 현장이 도심에서 살짝 떨어져 있는데다가 가까이 있는 산이 제법 시민들의 산행처로 알려진 터라 그 사실 하나에 기대를 걸었던 것이다.

다행히 새로 들어간 집은 한결 호젓하고 훨씬 쾌적했다. 날벌레가 많아서 그렇지 저녁에는 바람도 선선하고 새벽에는 닭 우는 소리도 건너온다. 촘촘히 나무도 심어 놓고 잔디도 고르게 가꿔 놓아 친환경을 내세운 시공업체의 자랑이 어느 정도는 수긍이 간다. 그렇지만 군데군데 복병이 숨어 있어 “아차차차” 하는 경우도 없지는 않다. 가장 걱정스러운 것은 차량들의 소음이다. 창문 너머 펼쳐진 주변 경관에 눈을 빼앗기는 바람에 그만 찻길에서 올라오는 소리에 미처 귀를 기울이지 못했다. 작은 것을 헤아릴 줄 알아야 했는데 그것을 빠뜨리고 만 것이다.

이사를 하면서 아내와 새끼손가락을 건 것이 한 가지 있다. 가구가 됐건 가전제품이 됐건 바꿔야 할 것은 바꿔야겠지만 그러나 가급적이면 지니고 가자는 약속이었다. 또한, 버려도 될 만한 것은 버리고 가자는 약속이었다. 약속은 차분하게 지켜지는 듯했다. 장롱과 식탁과 침대를 치우고 식탁만 하나 새로 장만을 했다. 전자레인지와 오디오세트와 식기세척기를 치우고 TV는 그냥 가지고 왔다. 그런데 TV가 문제가 됐다. 이십 년 가까이 되는 그 물건이 도저히 어울리지 않는다며 이사한 그날부터 지금까지 아내의 혼잣말이 이어지고 있다.

내 눈으로 보기에도 그것은 그런 것 같았다. 화질 좋은 LED TV가 거실 벽 한가운데에 가볍게 걸려 있다면 보기도 좋고 보기에도 좋을 것 같았다. 그런데 그런 다음에는 어떻게 되는 것인가? 거기에 어울리는 받침대도 구입해야 하고 홈씨어터 시스템도 갖춰놓아야 하고 편하게 영화 한 편 감상하려면 푹신한 의자도 마련해야 하지 않겠는가? 창문을 가리는 커튼도 품위 있게 뽑아야 되고 조명도 간접조명으로 다시 다 바꿔놓아야 하지 않겠는가? 시청하다가 목이 마르면 콜라가 손에 잡혀야 하고 입이 심심하면 팝콘도 계속 튀기고 있어야 하는 것 아니겠는가?

한참 떠오르는 장황한 생각들은 주절주절 목구멍 아래에서만 달각거릴 뿐 도무지 아내 앞에서는 입 밖으로 나와 줄 생각을 하지 않는다. 그러니 어찌할 것인가? 해서 갖게 된 생각이, 아무래도 벽걸이 TV는 구입해야 할 것 같다. “안방에도 침대” 운운하는 아내의 말이 그냥 하는 말이 아니라면 TV로 끝내는 것이 현명한 일일 터, 요즘 한창 한자를 공부한다고 열을 올리고 있는 아내에게 '견소왈명(見小曰明)'이 무슨 뜻이냐며 물어나 본 다음 들여놓는 쪽으로 결정을 내려야 할 것 같다.

(2010)

정주영 회장의 생전 모습

정주영 회장은 고향이 강원도 고성군 송전면 아산리이다. 그곳에서 그는 가난한 농사꾼의 일곱 남매 중 장남으로 태어났다. 소학교를 졸업한 뒤 집에서 소 판 돈 70원을 몰래 들고 서울로 가출을 했다. 부기학원을 다니다가 아버지에게 붙들려 귀가조치된 것이 세 번이었으니 가출 네 번 만에 가까스로 서울에 뿌리를 내릴 수 있었던 것이다. 첫 직장은 안암동 보성전문학교 신축공사장, 그 다음은 용산역 근처 풍전엿공장이었다.

이후 정 회장은 쌀가게 복흥상회의 배달부로 있다가 2년 후 그 가게를 인수하여 경일상회라는 간판을 걸게 된다. 쌀가게를 해서 얼마간 벌어둔 돈으로 고향에 농토를 사고 남은 돈을 긁어모으고 동업자를 구하여 아도서비스라는 자동차 수리공장을 차렸다. 잠시 황해도 광산에서 일을 하다가 해방을 맞았고 이듬해인 1946년 중구 초동에 현대자동차공업사 간판을 내걸었다. 그것이 현대(現代, HYUNDAI)라는 상호의 시작이었다.

1947년에 현대토건사를 열었고 1950년에는 토건사와 공업사를 합병하여 현대건설주식회사를 설립했다. 해방 직후 국토건설 분위기를 타고 규모를 확장하던 중 1950년 한국전쟁을 만나게 된다. 현대에게 첫 시련이 찾아온 것이다. 그러나 그해 겨울 피란지 부산에서 낙동강변의 파란 보리 싹을 삽으로 떠다가 유엔군 묘지를 잔디밭처럼 단장한 일이 있은 뒤부터 미8군 공사는 모조리 현대의 차지가 되었다. 현대의 승승장구가 시작된 것이다.

1967년 현대자동차를 설립하여 1976년 국산차 제1호 모델 포니(PONY)를 탄생시킨 과정도 그렇지만 현대조선 설립을 둘러싼 뒷이야기는 신화로 불러도 손색이 없을 만큼 감동적이다. 경부고속도로 건설을 막 끝낸 현대는 숨 돌릴 겨를도 없이 조선소 건설에 돌입했다. 정 회장은 조선소 부지로 점찍어 놓은 울산 앞 바닷가 사진을 한 장 달랑 들고 돈을 구하러 영국으로 날아갔다. A&P 애플도어사 회장을 만난 자리에서 퇴짜를 맞자 호주머니에 있던 500원짜리 지폐를 꺼내 거기 실린 거북선 그림을 보여주며 자금 지원을 거듭 호소했다.

애플도어사의 롱바통 회장은 정 회장의 확신에 찬 설득에 감동을 받아 버클레이즈 은행을 연결해주었고 버클레이즈 은행은 해외차관의 보증을 담당하는 영국의 수출신용보증국 총재를 소개해주었다. 수출신용보증국 총재는 배를 구입할 사람이 있다는 확실한 증명을 요구했다. 배를 건조하겠다는 계획만 서 있지 공장이고 뭐고 아무 것도 없는 상대에게 막대한 차관을 제공하는 일은 그들의 입장에서도 도박에 가까운 모험이었다.

정 회장은 다시 울산 미포만의 황량한 갯벌에 소나무 몇 그루와 초가집 몇 채가 서 있는 백사장 사진과 5만분의 1 지도

한 장, 그리고 다른 조선회사에서 급하게 빌린 26만 톤급 유조선 도면을 들고 선주들을 찾아 나섰다. “당신이 이런 배를 사준다고만 하면 내가 영국에서 돈을 빌려 이 백사장에 조선소를 짓고 배를 만들어주겠다.” 그런데 세상일이라는 것이 참 재미있다. 미친 사람처럼 제안을 하는 정 회장의 말을 듣고 배를 사겠다고 덥석 덤벼든 더 미친 사람이 있었다. 그리스의 선주 조지 리바노스(George S. Livanos)였다.

1976년, 오일 쇼크의 와중에 20세기 최대의 역사(役事)로 불리는 사우디아라비아 주베일(Al-Jubayl) 산업항 공사를 현대가 따냈다. 공사 금액이 당시 우리나라 전체 예산의 반에 해당하는 엄청난 규모였다. 현대는 공사기간을 6개월 단축하겠다는 입찰 당시 약속을 지키기 위해 철 구조물과 콘크리트 구조물을 국내에서 제작하여 사우디 현장에 수송하기로 했다. 보험 가입도 생략하고 바지선에 실어 수송을 하겠다는 그의 구상에 주변의 반대가 무성했다. 그러나 현대는 정 회장의 고집대로 열아홉 차례에 걸친 항해를 너끈하게 소화하였다. 세계가 놀란 현다이의 기적이었다.

유조선 공법은 또 어떤가? 1984년, 서산 A지구 총연장 6,400m 방조제 건설의 마지막 270m 물막이 공사가 문제였다. 물가에 서 있는 물새의 다리도 꺾인다는 초속 8m의 급한 물살에 자동차 크기만 한 바윗돌도 물에 들어가는 즉시 그대로 떠내려갔다. 그 바람에 공사가 난관에 부딪쳤다. 그때 정 회장의 머릿속으로 아이디어 하나가 떠올랐다. 고철로 쓰기 위해 얼마 전에 사들인 폐유조선을 끌어와 막아보자는 계산이었다. 그렇게 해서 폭

45m, 높이 27m, 길이 322m의 23만 톤급 유조선이 물막이 현장에 긴급 투입되었다. 나중에 '정주영 공법'으로 이름이 붙은 이 물막이 공사는 뉴스위크(Newsweek)와 타임(Time) 지에 거듭 소개되기도 했다.

신용, 창의력, 순발력, 용기와 도전으로 점철된 정 회장의 생애는 '허생전(許生傳)'의 허생과 비슷한 점이 많다. 허생도 가난을 뚫고 신용 하나로 만금을 빌려 일을 시작했다. 남과는 다른 아이디어로 1백배의 이윤을 올렸고 하는 일마다 성공을 이어나갔다. 나중에는 빈민들을 구제하여 새로운 세상에서 편안히 살 수 있도록 해주었다. 그 대목에 이르면 14대 대통령 선거에 출마한 정 회장의 마지막 이력을 연상하게 된다. 요즈음 TV 광고에 등장하는 정주영 회장의 생전 모습을 보며 연암 박지원과 그의 '허생전', 그리고 오늘의 대한민국을 다시 생각해봤다.

(2010)

책을 좋아하는 리더

세계는 지금 모두 독서 중이다. 영국은 영유아들에게 책을 나눠주는 북스타트(Book Start) 운동을 벌이고 있다. 말 그대로 책과 더불어 인생을 시작하라는 의미가 담겨 있다. 아이들은 어려서부터 독서 지도 및 지원 프로그램에 따라 책을 읽고 책과 더불어 성장한다. 미국도 읽기진흥법을 제정하여 읽기 교육을 대폭 강화하고 나섰다. 공공도서관은 물론 비영리 단체들까지 나서서 저소득층 자녀들을 위한 독서 지도 등 많은 사업을 벌이고 있다.

문화강국을 자처하는 프랑스도 예외가 아니다. TV방송의 프라임 시간대에 독서 프로그램을 마련하고 저자와 독자가 토론을 즐기도록 한 것이 이십 년이 넘었다. 이웃나라 일본도 마찬가지이다. 아침 10분 독서운동, 가정독서운동 등 다양한 방식으로 독서 캠페인을 전개하고 있다. 독일, 캐나다, 러시아, 중국 등등 세계질서를 선도하는 나라들은 예외 없이 책읽기에 몰두하고 있다. 가정과 사회, 학교와 회사, 도서관과 문화관에서 책읽기 운동이 벌어지고 있다.

왜 그런가? 답은 간단하다. 책을 읽어야만 하기 때문이다. 지식기반사회에 접어든 이 시대가 책을 읽도록 요구하고 있기 때문이다. 수렵사회 및 농경사회를 거친 인류는 이제 산업사회를 지나 지식기반사회로 빠르게 진화하고 있다. 지식기반사회는 말 그대로 지식을 기반으로 재화와 가치를 생산하는 사회다. 전에는 근력과 육체노동이 생산 현장을 주도하였지만 이제는 그 자리를 지력과 두뇌노동이 대신하기 시작했다. 여성의 사회참여가 크게 늘어난 것도 이와 같은 추세에 따른 자연스런 현상으로 분석된다.

그렇기 때문에 책을 읽어야 한다. 지력을 키우고 두뇌노동의 숙련도를 끌어올리려면 언제 어디서나 책을 집어 들 수 있어야 한다. 주변에 떠돌아다니는 정보들이 차고 넘치고 접근 또한 수월하지만 그것은 불특정 다수의 가공되지 않은 상태로 부유(浮游)하는 것들이다. 지식은 그러한 정보들을 불러들여 문제 해결과 부가가치 창출이 가능하게끔 가공하고 재구성할 때 손에 들어오는 법이다. 따라서 지식과 정보는 비슷하지만 서로 다르며 정보를 지식으로 바꾸는 역할을 독서가 하는 것이다. 그래서 책을 읽어야만 한다.

거듭 말하지만 책 속에 길이 있다는 금언(金言)은 오늘 이 시점에서도 여전히 유효하다. '여전히'가 아니라 '더욱 더' 절실해졌다고 해야 할 것이다. "책은 마음의 양식"이라고 독서를 권장하던 시절에는 그런 대로 마음의 여유와 낭만이 있었다. 인격을 함양하고 교양을 살찌우고 감수성을 키우기 위해 책을 읽는 것이라고 생각했다. 그러나 지식기반사회에 접어든 이즈음의 독서는 생존을 위한 피할 수 없는 조건이 되어가고 있다. 하루라도 책을 읽지 않으면 입안에 가시가 돋는 정도가 아니라 거미줄이 쳐질 지도 모르는 상황이 되어버린 것이다.

선거의 계절이 다가오고 있다. 다행스러운 일은 이번 지방선거의 분위기를 선도하고 있는 것이 다름 아닌 책이라는 사실이다. 수상록, 서간집, 자서전, 칼럼집, 시집 등등 지역의 리더가 되고자 하는 인사들의 출판기념회가 꼬리를 물고 이어지고 있다. 지금으로 봐서는 그들 중 누가 리더로 선출되더라도 크게 염려할 필요는 없을 듯싶다. 시나 편지를 쓰듯이 주변을 끌어안을 줄 알고 칼럼집이나 자서전을 엮듯이 스스로에게 엄격한 사람이라면 지역사회를 이끄는 리더로서도 손색이 없을 것이다. 책을 정말로 좋아하는 리더와 함께라면 미래의 경쟁력은 샘물처럼 솟아날 것이고 교양과 품격은 강물처럼 넘실거릴 것이다.

다만 한 가지 이 분들에게 주문을 보태보고 싶다. 전 지구적 차원의 생태와 환경문제에도 신경을 써 주십사 하는 부탁의 말씀이다. 새로 책 하나가 만들어지기까지 세상은 또 얼마나 많은 나무를 쓰러뜨려야 하는지, 나무가 쓰러진 그 자리에 사람들은 또 얼마나 많은 나무를 다시 심어야 하는지, 그 분들의 생각이 거기까지 미칠 수 있다면 나머지 사항들은 그다지 문제 삼지 않아도 될 듯싶다.

책도 책 나름이고 책을 좋아하는 것도 좋아하는 것 나름이다. 출판물이 홍수를 이루는 그런 세상에서 책과 더불어 살고 싶은 것은 당연한 노릇이지만, 그런 마음이 들지 않을 때도 가끔은 있는 법이다. (2010)

자신의 직분에 충실한 삶

택시를 탔는데 불쑥 기사가 말을 걸어온다. 요즘 같으면 도통 살맛이 나지 않는다며 뒤에 앉은 승객에게 동의를 구하듯 물어왔다. 잠자코 있었더니 한참을 가다가 다시 말을 꺼내든다. 여기저기서 오늘의 운수만을 믿고 있는 저 빈 택시들을 보라며 재차 대답을 요구하는 것이었다. 경기가 불황이라서 그러는 것인가? 사납금을 못 채웠다고 그러는 것인가? 이리저리 대답할 말을 찾다 보니 영 기분이 묘했다. 내가 책임추궁을 당하는 게 아닌가 하는 이상한 느낌까지 들었다.

누구나 다 자신이 지금 겪거나 부닥치고 있는 일이 가장 어렵고 힘들다는 생각을 한다. 과거를 들추어보면 그것보다 더 크고 더 힘든 일들이 많았을 텐데도 항상 지금의 내 처지가 중하고 어렵다고 느끼는 것이 문제다. 일을 겪은 그때는 최선의 방식으로 문제를 풀어나갔다고 생각할 것이다. 그러나 정말로 최선을 다했는지는 다시 따져볼 문제다. 그래서 반성이 필요한 것이다. 그때만 요란하지는 않았는지, 그렇다보니 호미로 막을 일을 가래로도 못 막는 우를 범하지나 않았는지, 곰곰이 따져볼 일이다.

어떤 사태가 발생했을 때 그 사태에 대해 책임을 지겠다고 나서는 사람을 찾아보기가 힘든 것이 요즘의 정치판이다. 대부분의 경우 나는 모른다거나 기억이 나지 않는다는 등의 변명으로 일관하며 어서 빨리 상황이 바뀌고 시간이 흘러가기만을 기다린다. 안 좋은 일일수록 일의 결과는 있는데 일을 추진한 중심세력이나 일의 주체가 나타나지 않는다. 조금 시간이 지나간다 싶으면 원인도 밝혀지지 않은 상태에서 떠밀리듯 일처리가 진행된다. 대개는 “그럴 것이다.”라는 추측성 진단을 끝으로 일의 마무리를 짓다 보니 다음에 일어날 또 다른 일에 대하여 즉각적인 대비가 이루어지지 않는다.

더 이상 모른다거나 기억이 나지 않는다거나 하는 등의 무책임한 발언으로 발뺌을 할 일이 아니다. “나는 아니다.”라고 하면서 “그러면 누구인가?”라는 질문에는 침묵으로 일관한다. 어떤 일이든 중심에 섰던 사람들이 있을 터인데 그들이 모른다면 누가 안다는 말인가? 국민들은 누구를 상대로 물어봐야 한단 말인가? 정치라는 것이 어렵다고는 하지만 간단명료한 것이 또한 정치이다. 공자는 제자인 자로와 함께 ‘정야정명(政也正名)’이라는 말로 정치의 요체를 풀어낸다. “정치는 명분(名分)을 바로 잡는 것이다.” 명분은 무엇인가? 그것은 각자 자신이 서 있는 위치에서 자신의 이름값에 어울리도록 최선을 다하는 일이다.

우리는 지금 많은 부문에서 사회적 투명성을 잃어가고 있다. 정부도 예외가 아니다. 예전보다는 좋아졌다고 하지만 여전히 베일에 가려져 있는 일들이 많다. 아무개가 왜 북한을 다녀왔는지, 다녀왔으면 무슨 일이 있었고 무슨 말이 오갔는지, 그 정도는 국민들에게 알려줘야 하는 것 아닌가? 투명하지 못한 상황이면 앞으로의 일을 예측하는 것이 불가능하고 예측이 불가능하면 그 어떤 희망과 기대도 걸어둘 수가 없다. 순간을 모면하려는 임기응변의 논리만 팽배해지고 사회적 모순과 갈등은 나날이 늘어만 갈 것이다.

역사를 들춰보지 않더라도 그 동안 우리는 충분한 만큼의 시행착오를 겪은 경험이 있다. 그러한 경험을 바탕으로 같은 잘못을 되풀이하지 않아도 될 만큼 사회적 역량과 경륜도 갖추고 있다고 본다. 이제는 각자가 맡은 바 직분에 대하여 책임감을 가지고 나서야 하는 시점이다. 나만큼 아둔한 제자가 있었는지 공자는 정명(正名)에 대하여 다시 다음과 같은 설명을 붙여놓고 있다. "임금은 임금답고 신하는 신하답고 아비는 아비답고 자식은 자식답다.(君君臣臣父父子子)" 신라 때 향가 '안민가(安民歌)'도 이렇게 노래를 했다. "아아, 군(君)답게 신(臣)답게 민(民)답게 한다면 나라가 태평을 지속하느니라."

(2007)

또 하나의 우리 문자

대학시절에, 만주 용정(龍井)에서 태어난 교수님 한 분이 계셨다. 그 분은 연암 박지원의 '열하일기(熱河日記)'를 강독하면서 언젠가 기회가 되면 제자들과 어울려 '열하일기'의 여정을 밟아보고 싶다는 소망을 피력하셨다. 중국이 개방되기 훨씬 전이라 옆에 있으면서도 한참 먼 곳에 있는 나라일수밖에 없었다. 그리하여 그 꿈이 언제쯤 실현될 수 있을까 하고 교수님의 소망에 나의 소망 하나를 얹어놓은 적이 있었다.

'열하일기' 강독을 하는 동안 연암이 현지인들과 어우러져 필담(筆談)을 나누는 장면을 자주 목격할 수 있었다. 이미 조선을 출발할 때부터 연암은 어디에 가면 누구를 만나보아야겠다는 여행 스케줄을 단단히 준비하고 있었다. 그리하여 가는 곳마다 중국 사람들을 만났고 부지런히 그들 속으로 파고들어 이른바 북학(北學)의 눈을 부릅뜨며 새로운 세상과 소통을 나누었다. 연암의 의사소통은 한자를 동원한 필담의 방식이었다.

모든 것이 사람의 일이라 급변하는 국제정세 속에서 교수님의 그 같은 소망은 어렵지 않게 실현될 수 있었다. 교수님은 그 참에 당신이 태어나 어린 시절을 보낸 용정도 둘러보고 싶으셨을 것이다. 하지만 안타깝게도 교수님은 그 간절한 소망을 이루지 못하고 양국의 수교 직전 돌아가셨다. 이제 중국에 가 볼 기회는 많아졌지만 교수님을 모시고 여행을 해보겠다는 나의 소망은 더 이상 이룰 수 없는 일이 되어버렸다.

한글이 세계에서도 유례가 없는 훌륭한 문자라는 사실에 이의를 제기할 사람은 없을 것이다. 음절 단위의 모아쓰기 방식을 취하는 한글은 표음(表音)뿐만 아니라 어느 정도는 표의(表意)의 기능까지 수행하고 있어 외국인들로부터도 높은 평가를 받고 있다. 문자에 관한 한 우리는 축복 받은 민족임이 분명하다. 그런데 또 다행스러운 점은 우리가 한글 이외에 한자라는 또 하나의 문자를 갖고 있다는 사실이다.

한자를 중국 문자로 생각하기 쉬우나 그렇게 한정하여 규정을 내리는 것은 적절한 자세가 아니다. 한자는 중국뿐만이 아니라 동아시아 여러 지역에서 다양한 민족들이 함께 사용해 온 이른바 공동문어문자(共同文語文字)이다. 공동문어문자로는 한자 이외에도 라틴어, 아랍어, 산스크리트어 등이 있는데, 이들 문자를 두고 굳이 그 국적을 따지고 구분하는 것은 무의미한 일이다. 우리가 한자를 다른 나라의 문자라고 하며 배제할 필요가 전연 없다는 뜻이다.

중고등학교 교육과정에서 한자 교육을 도외시한 어처구니없는 시절이 있었음을 기억하고 있다. 지금의 어느 연령층인지는 정확히 모르겠으나 수업시간에 한자만 등장하면 저절로 목이 움츠러드는 대학생들이 속출하던 때가 있었다. 현재는 중고등학교에 한자 과목도 개설되어 있고 학생들의 수준도 어느 정도는 되는 것 같아 다행스러우나 대학 현장에서 체감하는 학생들의 한자 능력은 아직도 많은 부분이 부족한 편이다. 한자로 필담을 나누는 정도의 수준을 기대하기는 어려운 실정이다.

얼마 전 동남아시아의 큰 섬 보루네오 북단에 있는 코타키나발루(Kota Kinabalu)를 여행할 기회가 있었다. 그런데 멀리 떨어진 거기에서도 한자를 적어놓은 간판을 심심치 않게 볼 수 있었다. 영국의 지배를 받은 과거의 역사적 경험으로 미루어 말레이어와 함께 영어가 통용되는 지역으로 알고 있었는데, 주민의 30%에 달하는 중국계 사람들 때문인지는 몰라도 한자가 훌륭하게 문자의 기능을 수행하고 있었다. 오히려 중국계 사람들이 지역의 경제권을 다수 장악하고 있어 그 때문에라도 한자의 비중이 상당한 것 같았다.

이번 말레이시아 여행에서는 중국에서처럼 현지 주민들과 필담을 나눠볼 기회는 갖지 못했다. 하지만 내내 내 머릿속으로 되새김질을 한 것은 한자가 우리에게는 또 하나의 문자가 될 수 있다는 사실, 그리고 그 문자를 매개로 세계와 소통하고 세계로 진출할 수 있겠다는 사실이었다. 생각해보라. 연암이 허연 도포자락을 휘날리며 현지인들을 만나 대화를 나누고 부지런히 대륙을 돌아다닐 수 있었던 것이 어떻게 해서 가능한 일이었겠는가? 한자 덕분이었던 것이다.

(2007)

열과 불열의 경계

대학원 첫 학기에 도대체 공부하는 법을 몰라 우왕좌왕하고 있을 때 한국설화에서 적당한 자료 하나를 찾아 발표도 하고 논문도 엮어보라는 과제가 떨어졌다. 무슨 자료가 있는지 어디에 있는지 아무 것도 모르는 판이라 무작정하고 관련 책자들을 구해서 읽어 내려갔다. 그러다가 찾아낸 이야기가 '열불열설화(烈不烈說話)'였다. 열(烈)은 무엇이고 불열(不烈)은 또 무엇인지……, 이름에 담겨 있는 열과 불열의 어긋난 관계를 보고 잘만 하면 뭔가 나올 수도 있겠구나 싶어 덥석 그 자료를 손에 쥐었다.

그런데 설화의 내용이 도무지 말도 되지 않는 것이었다. 이를테면 이러한 내용들이었다. 남편이 문둥병에 걸리자 부부가 걸식 행각에 나선다. 부인에게 인근의 부자가 자신의 첩으로 들어올 것을 제안한다. 부인은 남편의 병구완을 조건으로 남편의 동의를 거쳐 부자의 청을 받아들인다. 부자와 사는 동안 아들 형제를 낳고 그 사이 남편이 병으로 죽게 된다. 부인은 목욕재계 후 남편을 묻으려고 파놓은 구덩이에 몰래 먼저 들어가

스스로 목숨을 끊는다.

눈치가 조금 있는 사람이라면 이 설화의 핵심 모티프(motif)가 개가(改嫁)와 자결(自決)이라는 점을 금방 알아차릴 수 있을 것이다. 실제로 '열불열설화'에 해당하는 모든 자료들은 개가와 자결이라는 두 개의 모티프를 담고 있었다. 그런데 막상 자료에 대한 분석에 들어가자 생각처럼 쉽게 성과가 도출되지 않았다. 짧은 이야기인데도 문제의식이 호락호락하지 않았던 것이다. 현상과 가치, 삶과 이념의 틈바구니라는 극단의 상황을 설정했다는 데까지는 그럭저럭 작업이 진행되었으나, 그 극단의 상황 속에 한 여인을 집어넣은 다음 그녀를 다시 밖으로 건져내는 일이 이상하게 까다로웠다.

결국 세 번씩이나 연기를 거듭한 끝에 겨우겨우 학기말 과제를 제출할 수 있었다. 그 후 다시 보완을 하고 손질을 해서 근근이 논문의 형식으로 엮어내기는 했다. 그러나 '열불열설화'만 생각하면 지금도 마음 한 구석이 불편해진다. 뒷골이 땅기다가 돌연한 어지럼증으로 발전하여 다리가 휘청거리곤 한다. 개가와 자결, 열과 불열이라는 두 개의 대립각 사이에서 덩달아 나도 외나무다리를 타고 있다는 착시현상이 번번이 일어나는 것이다. 그만큼 여인의 자결이 주는 충격이 대단했다.

어쩌면 더욱 나를 짓누른 것은 여인의 자결이 아니었을지도 모른다. 자결을 감행하기까지 그녀 혼자 감당해야 했을 삶의 무게와 고뇌의 깊이였는지도 모르겠다. 그러나 그와 같은 무게나 깊이를 재는 일은 내 능력 밖이었고 논문의 범위도 벗어나는 것이었다. 논문은 '열불열설화'가 후대로 전승되면서 자결의 모티프가 점차 탈락 현상을 일으키고 있다는 사실을 확인하는 선에서 마무리했다. 그럴 즈음 다시 읽은 소설이 김유정의 '산골 나그네'였다. 김동인의 '감자'도 다시 읽었다.

"자정이 넘으면 술 취한 아줌마들이 많이 타지. 술집 아가씨들보다 더 많아. 보통 2~3명이 함께 타는데 어디서 오라는 휴대전화 벨이 계속 울리지." 최근 한 신문에 소개된 어느 택시기사의 인터뷰 내용이다. 노래주점에서 동석을 해주는 대가로 시간당 수입을 올리는 속칭 '미시(Missy)'를 두고 하는 발언이다. 다시 택시기사의 말이 이어진다. "남편 실직했다고 그 일을 한다는 거야. 자식들이 중학생 고등학생이라고 하는 걸 보면 마흔이 넘은 주부들이지. 먹을 것은 줄여도 학비는 줄이기 힘들다네, 참……."

먹을 것은 줄여도 학비는 줄이기 힘들다는 이 시대에서 열이라는 가치는 더 이상 존재할 수 없게 되었는가? 남편을 위해서가 아니라 자식을 위해서이고 먹을 것을 위해서가 아니라 학비를 위해서라고 하니……. 그러나 어찌할 것인가? 아직도 맴도는 것은 외나무다리 한 가운데에서 비척거리며 서 있다는 생각뿐이다. 가정의 달 5월이다. 5월 가정의 달에 열과 불열의 이야기를 꺼내어 지난 시대와 이 시대의 같고도 다른 점을 정리해본다. 더불어서, 김동인과 김유정이라는 우리 근대소설을 대표하는 두 소설가가 추구한 이념과 두 작품이 보여주는 판이한 결말을 곱씹어본다.

(2004)

아버지의 모습

중국의 소품문(小品文)을 뒤적거리다가 알게 된 인물이 주자청(朱自淸)이다. 주자청은 1898년에 출생했다. 북경대학에서 공부를 했고 졸업 후에는 청화대학 교수로 있다가 1948년에 세상을 떠난 사람이다. 중국 근대문학을 대표하는 인물로 평가를 받는 주자청의 글은 서정적이고 다정다감하다. 낮은 목소리에 감겨드는 그의 글을 따라가다 보면 가랑비에 옷이 젖듯 한 인간의 됨됨이가 촉촉하게 스며드는 것을 경험한다. 그 만큼 그의 글은 잔잔하게 흐르고 나직하게 울린다. 그 나직한 울림이야말로 그의 소품문이 지니고 있는 미덕이라 할 만하다.

두어 해 전 중국 여행길에서 남경에 들렀을 때, 그리고 현무호(玄武湖) 호반의 한 호텔에 여장을 풀었을 때, 나는 이 문인의 소품문 '남경(南京)'을 떠올리고 있었다. 짙은 안개로 비행기 착륙이 늦어짐에 따라 그날의 남은 일정을 포기하게 되었다. 우리 일행은 호텔의 스카이라운지로 올라가 가벼운 맥주로 목을 축이며 여행의 정취를 이어나가고 있었다. 도시의 야경은 그런대로 볼 만했다. 차선을 따라서 자동차 불빛이 명멸하고 빌딩은 또 빌딩대로 검은 하늘을 배경으로 저마다 조명을 수놓고 있었다. 덕분에 현무호의 낮고 어두운 물빛 그림자도 어느 정도는 구분해낼 수 있었다.

"남경은 가볼 만한 곳이다."로 시작하는 주자청의 글 '남경(南京)'에는 현무호 이외에도 진회하(秦淮河), 명효릉(明孝陵)과 석인석마(石人石馬), 중산릉(中山陵) 등 옛 금릉(金陵) 땅이던 남경의 화려한 풍광과 산재한 유적들이 특유의 차분한 어조에 실려 소개되어 있다. 진회하에 대해서는 그의 또 다른 글 '야경에 노젓는 소리 들리는 진회하(槳聲燈影裡的秦淮河)'에 그 풍정이 자세히 소개되어 있거니와, 요즘 그곳 여행의 필수 코스가 된 남경대학살기념관이 언급되지 않은 것은 이 글이 발표된 몇 해 뒤에 그 사건이 터졌기 때문이다. 하지만 내가 가보고 싶은 곳은 따로 있었다. 그의 대표작 '아버지의 뒷모습[背影]'의 배경이 된 남경역(南京驛)이었다.

급하게 조모상(祖母喪)을 치른 뒤 다시 대학이 있는 북경으로 돌아갈 때 아버지는 남경역까지 동행을 자청했다. 마침 그때 아버지는 실직한 상태에 있었다. 괜찮다는 아들의 말을 귓전으로 넘기고 귤을 사러 휘청휘청 철로를 건너가는 아버지. 아들은 아버지의 그 뒷모습을 바라보며 뜨거운 눈물을 목으로 넘긴다. "아버지의 뒷모습을 지켜보고 있던 나는 가슴이 뭉클해졌다. 나도 모르게 눈가에 눈물이 글썽거렸다. 얼른 고개를 떨구며 눈물을 훔쳤다. 남의 시선을 의식해서였지만 무엇보다 아버지한테 눈물자국을 보이고 싶지 않았다." 부자간의 쓸쓸한 정리가 흐르는 남경역이었다.

첫해 대학입시에 실패한 뒤 서울의 학원가에 등록부터 먼저 하고 며칠 뒤 짐을 꾸려 서울로 떠나는 날이었다. 변변히 인사도 못 드리고 집을 나와 서대전역 플랫폼에서 서울행 열차를 기다리고 있었다. 그때였다. 대합실 안쪽으로 아버지의 모습이 언뜻 비쳤다. 집에서 자식을 보낸 그 어른이 어느 결에 역으로 나와 떠나는 자식을 보고 계셨던 것이다. 조용히 서서 철길 너머로 아들을 응시하는 아버지의 입에서는 이런 말들이 흘러나오는 것 같았다. "너를 믿는다. 그리고 너를 기다린다……." 대합실 안으로 어두운 아버지를 바라보는 자식도 솟아오르는 눈물을 목으로 삼키고 있었다.

현무호에서 걸어가더라도 삼십 분밖에는 안 걸린다는 남경역을 그 여행에서는 그냥 지나치고 말았다. 중산릉이나 명효릉 등 거창한 구경거리들로 채워진 빡빡한 일정 속에서 남경역을 보고 싶다는 나의 소망은 실현되기도 어려웠고 이해되기도 어려운 일이었다. 다시 남경을 여행할 기회가 된다면 그때는 남경역을 꼭 찾아볼 것이다. 아니 그보다도 먼저, 삼십 년 전의 서대전역 그 대합실을 찾아가 기억을 뒤져서라도 확인해야 할 것이 있다. 아버지의 사랑은 믿는 사랑이라는 사실, 그리고 또 하나, 아버지의 사랑은 기다리는 사랑이라는 사실이다.

(2004)

아침형 인간

무슨 일이든 시도하는 단계에서는 나름대로 사전준비를 하게 된다. 어디서부터 시작하고 무엇을 갖춰놓아야 할까? 일정은 어떻게 짜고 도움 받을 사람은 누구인가? 등등 많은 마련을 하게 된다. 그때, 앞서서 그 일을 해놓은 사람이 있다면 그를 찾아가서 이것저것 둘러보고 물어보고 할 것이다. 이것이 벤치마킹(Benchmarking)이다. 다소간 부정적인 뉘앙스를 담고 있다는 점에서 차이는 있겠지만 타산지석(他山之石)도 결국 같은 말이라고 할 수 있다. 서구에서 개발된 첨단 경영기법의 요체가 동양의 고사성어 안에 오롯이 담겨 있다는 사실이 새롭게 다가온다.

서너 해 전에 모 기업에서 주관하는 2박3일의 리더십 프로그램에 참가한 적이 있다. 스티븐 코비(Stephen Covey)라는 미국의 경영학자 겸 경영컨설턴트가 개발한 프로그램이었는데 일반인들에게도 '성공하는 사람들의 7가지 습관'이라는 책으로 널리 소개된 내용이었다. 그런데 그때 강의를 듣다 보니 그 안에 포함된 7가지 습관이라는 것이 사실은 우리에게도 너무나 익숙한 것들이었다. 주도적이 되라는 명제는 주체적인 삶을 꾸리라는 말이었고, 목표를 확립하고 행동하라는 명제는 원칙 중심으로 행동하라는 말이었다.

어디 그뿐인가? 상호이익을 모색하라는 명제는 상생(相生)의 다른 표현이었으며, 경청(傾聽)한 다음에 이해시키라는 명제는 역지사지(易地思之)에 해당하는 것이었다. 조직의 시너지(synergy)를 활용하라는 명제는 선공후사(先公後私)일 수 있었고, 심신을 단련하라는 명제는 심신수련(心身修練)이라는 동양의 오랜 전통에 그대로 연결되었다. 이처럼 미국 역사상 크게 성공한 사람들의 공통점을 모아서 만들었다는 7가지 성공하는 사람들의 습관은 전혀 낯선 것들이 아니었다. 이를테면 그것은 미국판 '명심보감(明心寶鑑)'이라고 해도 크게 어긋나지 않을 그러한 내용들이었다.

요즘 유행하고 있는 아침형 인간도 마찬가지 경우가 아닐까 싶다. "대자연의 여명과 더불어 하루를 시작하는 아침형 인간은 하루를 계획하고, 시간을 지배하고, 일을 주도하는 사람이다. 아침형 인간은 제아무리 밤이 즐거워도 그것을 아침과 맞바꾸지 않는다. 아침을 지배할 줄 아는 사람은 하루를 지배할 수 있고, 하루를 지배하는 사람은 자신의 인생을 다스리고 경영할 수 있다. 일과 가정, 여가생활의 균형을 지킬 줄 알고, 육체적으로 정신적으로 건강한 삶을 사는 사람이다."

'아침형 인간'의 저자 사이쇼 히로시(稅所弘)는 동양과 서양의 의학을 함께 공부하다가 아침 일찍 일어나는 것에 착안하여 자신만의 독특한 조기기상 건강법을 마련했다고 한다. 그러한 그의 저술이 지난해 가을 한국의 독서계를 강타하면서 '아침형 인간으로 변신하라', '아침형 인간의 4시간 숙면법', '아침형 인간을 위한 웰빙', '아침형 인간의 초고속 공부법', '아침형 인간의 24시간 활용법' 등등 유사 서적들을 속속 만들어냈다. 이제 대형서점들은 아침형 인간 코너를 따로 마련해놓고 있다는 소식도 들린다.

바야흐로 아침형 인간이 물결을 이루고 있는 한국의 아침이 밝았다. 유난히 일찍 일어난 오늘 아침 나는 조간신문을 펼쳐 들고 거기에 실려 있는 황우석 교수의 기사를 읽었다. 그는 매일 새벽 4시 반이면 어김없이 일어나 대중목욕탕을 들렀다가 국선도장에서 1시간 동안 명상을 한 다음 6시 반에 출근하는 일상을 18년째 되풀이하고 있다고 한다. 그 기사 옆에서 활짝 웃고 있는 그의 모습을 보면서 어릴 적 내 책상머리에 열심히 붙어 있던 '나의 다짐' 글귀 하나가 떠올랐다. "일찍 자고 일찍 일어나자." 굳이 새삼스러운 일도 없는 법이다.

(2004)

단지 효과

까닭 모를 고열로 고생을 하던 아내가 마침내 병원 신세를 지게 되었다. 감기나 몸살이겠거니 하고 대수롭지 않게 여겨 며칠을 방치했던 것이 화근이었다. 진료를 받으러 병원에 갔다가 그 길로 입원을 하는 바람에 집안일이 갑자기 나한테로 떨어졌다. 제 몸은 뒷전이고 새끼들 조석(朝夕) 걱정으로 아내는 연신 눈물바람이었다. 남편인 나에게도 못내 미안한 표정을 지었다.

나는 그런 아내를 다독거리며 주부를 자임하고 나섰다. 마침 방학 기간이라 시간이 자유로웠다. 또 오래 전 일이기는 하나 자취의 경험도 없지 않아 못할 것도 없었다. 가까이에 어머니가 계시기는 했지만 혼자 해낼 자신이 있었다. 다만, 점점 더 못 말리는 기계치가 되어가는지라 전기밥솥과 세탁기 작동법만은 아내에게 물어 확인을 했다. 그리고 집안일에 뛰어들었다.

아침저녁으로 먹는 것은 크게 문제가 되지 않았다. 밥은 전기밥솥이 알아서 해주고 반찬은 냉장고에 있는 것들로 때우면 되었다. 국거리 마련이 어려운 일이었으나 그것도 육개장이니 제첩국이니 올갱이국이니 하는 조리상품으로 끼니를 이어가면 되었다. 시간에 쫓기다 보니 서둘러야 하는 것만 문제였다. 요령부득은 어찌할 도리가 없었던 것이다.

주부로 나선 지 사흘째 되는 날 일이 터져 버렸다. 큰아이의 학원 시간에 맞춰 아침을 준비하다가 벌어진 사고였다. 제첩국을 포장을 뜯고 가스레인지에 올려놓았는데 뒤늦게 상큼한 대파 생각이 떠올랐다. 맑은 조갯국에 숭숭 썰어 넣은 대파는 보기도 좋고 먹기도 좋고 빠지면 아까운 재료였다.

기세 좋게 끓고 있는 제첩국을 옆에 두고 서너 줄기 대파를 급히 꺼내 도마 위에 올려놓았다. 그런데 아뿔싸 바쁘면 부러 돌아가라고도 했는데, "싹싹싹싹" 파를 썰어나가는데 왼쪽 손가락 하나가 퍼뜩 저려왔다. 다음 순간 하얀 도마 위로 붉은 핏방울이 튀는 것이었다. 부랴부랴 택시를 잡아타고 병원 응급실로 달려가는데 휴지로 둘둘 감은 왼쪽 약지 손가락이 욱신거리기 시작했다.

그날 저녁부터 집안일은 어머니의 손으로 넘어갔다. 며느리도 이번만큼은 부엌 세간사리를 시어머니에게 보일 수밖에 없었던 것이다. 붕대를 처맨 남편의 손가락을 감싸 쥐며 펑펑 울던 아내는 얼마 안 가서 퇴원을 했다. 훌쩍이던 날로부터 맹렬하게 병실 복도를 왔다 갔다 하더니 썩 경과가 좋았던 것이다.

지난 설에는 할머니집에 간 작은아이가 내리 닷새를 머물다 왔다. 할아버지가 들여놓은 신형 컴퓨터에 속셈이 있었겠지만 할머니 할아버지와 지낸 며칠 동안 담뿍 정이 들었다는 작은아이의 말도 전혀 어긋난 말은 아니었다. 아이의 너스레를 들으며 나는 이제 조금씩 흉터가 자리를 잡아가는 왼손 넷째 손가락 볼을 만지작거리고 있었다.

열 손가락 깨물어 안 아픈 손가락이 없다는 사실, 옛날이야기에서나 봤던 단지(斷指)의 효과가 정말로 대단하다는 사실, 자식이든 아내든 남편이든 혹은 할머니 할아버지든 간에 가족이 이런 것이라는 사실, 아직도 아픔이 가시지 않은 왼손 네 번째 약지 손가락이 그 세 가지 사실을 확실하게 알려주고 있었다.

(2004)

도청도설, 시대인식

호모 노마드, 멈추지 않는 인간 … 126

평생교육은 선택사항이 아니다 … 130

가을에 찾아온 김호연재 … 134

세상을 바꾼 세 사람의 생각 … 138

노인들을 위한 자리는 없다 … 142

기술과 인문학의 교차로 … 146

허생의 생각 연암의 생각 … 150

세계화된 세계에서 산다는 것 … 155

학생처장의 1월 … 159

추사의 한글 편지 … 163

어른 되기 어려운 세상 … 166

이상한 인터넷 세상 … 169

다시 보는 대한매일신보 … 172

추석 전야 … 175

호모 노마드, 멈추지 않는 인간

"5백만 년 전 오스트랄로피테쿠스라는 특별한 종(種)이 나무에서 내려와 두 발로 서서 동남 아프리카의 풍경들을 유심히 바라보았다. 3만 년 전쯤에 인간은 여행을 통해 물물교환을 알았고, 물품들 간의 등가관계를 설정할 줄 알게 되었다. 시장의 배아가 형성된 것이다. 9천 년 전에 인간은 포획한 동물들을 계속 교배를 시키면서 식용과 운송용으로 더 적합한 종자를 얻고자 애썼다. 인간은 이제 목축민이 되었다."

자크 아탈리의 저서 '호모 노마드 유목하는 인간'에서 찾아낸 구절이다. 과거의 노마드들은 여기저기 옮겨 다니며 불, 사냥, 언어, 농경, 목축, 신발, 옷, 연장, 제식, 예술, 그림, 조각, 음악, 계산, 바퀴, 글씨, 법, 시장, 세라믹, 야금술, 승마, 배, 신, 민주주의 등을 고안했다. 문명의 실마리가 노마드의 손과 머리를 통해 만들어진 것이다. 이에 반해 정착민이 만들어낸 것이라고는 고작 국가, 세금, 감옥 등 옥죄는 것들뿐이었다.

기원전 3천년 경 북중국과 헝가리 사이의 스텝 초원과 사막에는 기마인들이 분주하게 돌아다니고 있었다. 여러 이름으로 불리던 이 종족들은 기마술(騎馬術)과 천신(天神) 사상을 기반으로 한 이동성 융합문명에 불을 지폈다. 그들은 기원전 1천 5백 년 무렵 알타이족, 인도유럽어족 등 두 개의 주요 집단으로 분리되었다. 자크 아탈리의 설명을 수용하면 '주몽신화'의 주인공인 우리의 주몽 일파도 알타이족의 한 부류였을 것으로 추정이 가능하다. 전형적인 노마드인 것이다. 한국신화가 보여주듯 북부여, 동부여, 졸본부여로 이어지는 주몽의 행로는 우리가 조상이라고 인정하는 북방의 기마인들이 이동한 행로와 정확하게 겹친다. 거기에 백제신화까지 하나로 연결하면 한반도 선주민들이 그려낸 노마드의 궤적이 선명하게 나타난다.

농경 및 정주의 삶이 지배한 과거 5천 년은 5백만 년을 이어온 인류사의 흐름에 비춰 보면 잠깐 거쳐 가는 오아시스에 불과하다. 그리하여 다시 찾아온 또 한 번의 노마드 시대는 새로울 것도 없고 이질적일 것도 없는 자연스러운 현상에 지나지 않는다. 이렇게 이 문명론자는 주장을 펼치고 있다. 인류가 노마드일 때 실로 많은 것들이 만들어졌으니 이규보의 '동명왕편(東明王篇)'에도 주몽이 오곡의 종자를 품고 내려오는 것으로 나온다.

거듭 말하건대 신 노마드의 시대가 열렸다. IT혁명을 거치면서 인류 역사는 다시금 노마디즘(nomadism)이 주류로 부상하고 있다. 5억 명 이상이 일 또는 정치적 사유로 인한 노마드 즉 이민자, 망명객, 해외체류자, 노숙자, 이주노동자들이고, 한 해 10억 명 이상이 자의든 타의든 여행을 한다. 그리고 그보다 훨씬 더 많은 노마드들이 도시 곳곳에 서식하고 있다. 거리거리마다 하루 온종일 사람들이 넘쳐나는 것이다.

사람들의 부류를 둘로 가르면 하나는 토박이이고 하나는 떠돌이이다. 그런데 떠돌이 중에는 원래 있던 익숙한 떠돌이가 있는가 하면 전혀 새로운 이질적인 떠돌이도 있다. 이곳저곳을 떠돌아다녀야만 삶을 지탱할 수 있는 떠돌이, 이들은 어쩔 수 없이 노마드가 된 인프라(infra) 노마드이다. 자신만의 능력을 독점적인 브랜드로 삼아 이곳저곳을 날아다니는 떠돌이, 이들은 디지털시대의 첨병 하이퍼(hyper) 노마드이다. 같은 떠돌이지만 둘 사이에는 하늘과 땅의 차이가 있는 것이다.

김기덕 감독이 베니스 영화제에서 최고의 영예를 차지했다는 소식이다. 수상식장에서 전통복장을 입고 민요 '아리랑'을 불러 화제가 되고 있다. 스스로를 일컬어 "열등감을 먹고 자란 괴물"이라고 한 김 감독은 중학교 졸업이 학력의 전부라고 한다. 전자공장과 자동차 정비업소에서 일을 배우다가 쫓기듯 해병대에 자원입대를 했다고 하니 전형적인 인프라 노마드로 삶을 시작한 인물이다. 그러다가 어느 날 그는 훌쩍 아무 마련도 없이 프랑스 행 비행기에 몸을 실었다.

그로부터 2년에 걸친 프랑스에서의 경험과 충격은 그로 하여금 영화에 눈을 뜨도록 만들었다. 그리고 이십 년이 경과한 오늘 드디어 그는 영화 하나로 세계를 움켜쥔 인물로 우뚝 섰다. 한 곳에 머무르지 않은 그의 이력이 그와 같은 결과를 만들었으니 그는 이제 하이퍼 노마드가 된 것이다. 이십 년 세월의 노마드 생활이 그로 하여금 인프라에서 하이퍼로 자리바꿈을 하도록 해 준 것이다.

지금은 스몰월드(small-world)의 세상이다. 교통 및 통신의 발달로 칠십 억 사람들이 지구상에 흩어져 살고 있지만 여섯 단계를 거치면 모두가 아는 사이가 될 수 있다고 한다. 젊은이들이여, 기회가 되면 기회를 잡아 세상 밖으로 나갈 일이다. 아는 사람이 없다고 망설이지 말지어다. 김 감독을 영화와 만나게 해준 것도 그를 하이퍼 노마드로 키운 것도 다 프랑스 행 비행기 티켓이지 않았던가.

(2012)

평생교육은 선택사항이 아니다

골프를 배우게 되리라고는 생각해본 적이 없었다. 주변에서 골프를 즐기는 사람들이 늘어나고 동료들마저 골프를 권유하는 일이 잦아져도 나와는 늘 상관없는 일이라고 잘라서 생각하곤 했다. 어느 정도 시간과 함께 경제적인 여유가 있는 계층에게나 어울리는 일종의 오락과도 같은 운동이라는 사실에서 한 발짝도 벗어나지 않았던 것이 골프에 대한 나의 아주 오래된 이해방식이었다.

다른 이유도 없지는 않았다. 이를테면 대단히 번거로운 운동일 수 있겠다는 생각을 가졌던 것이다. 한적하고 넓게 펼쳐진 잔디밭이 먼저 떠오르기는 하지만, 그러나 골프를 위해서 기울여야 하는 수고로움은 직접 해보지 않더라도 어느 정도는 짐작이 가능한 일이었다. 무라카미 하루키(村上春樹)가 지적하고 있듯이 골프는 혼자서는 할 수 없고, 또 일일이 먼 곳까지 나가야 하며, 나갈 때마다 골프채를 챙겨서 다녀야 하는 유별난 운동이라는 사실을 나 또한 금과옥조로 삼고 있었다.

그러던 내가 골프를 배워볼까 생각하기 시작했다. 그것은 순전히 시대와 사회의 분위기가 바뀐 탓이지 다른 이유를 찾아낼 수가 없는 일이다. 어느 날 문득 주위를 돌아보니 나는 이미 소수자(少數者)가 되어 있었다. 라운딩이 끝나는 시각에 맞춰 터덜터덜 혼자 나가서 저녁 회식에 합류하는 일이 거듭되자 잘라서 말하고 한 걸음도 떼지 않던 그 동안의 자세가 흔들렸다. 그래서 골프를 배우겠다고 작정을 했다. 어울리지 못하는 불편함보다는 뒤쳐지고 말았다는 열패감을 더 견디기 어려웠던 것이다.

뒤늦게 뭘 배운다는 것이 쉽지는 않은 일이다. 일찍이 공자께서는 나면서부터 아는[生而知之] 것이 가장 위이고, 배워서 아는[學而知之] 것이 다음이고, 곤란해서 배우는[困而學之] 것이 그 다음이고, 곤란해도 배우지 않는[困而不學] 것이 가장 아래라고 했다. 그렇지만 곤란을 겪는다 해도 막상 결심을 하고 바로 실행에 옮기는 것이 생각처럼 수월한 일은 아니다. 연습장 티켓을 끊어주고 골프용구까지 마련해 준 친구들의 등떠밀기가 없었다면 나도 그 세계에 발을 들여놓지는 못했을 것이다.

수렵사회, 농경사회를 거친 인류는 이제 산업사회를 지나 지식기반사회, 정보화사회를 향하여 빠르게 진입하고 있다. 진입하는가 싶더니 어느 새 성큼성큼 넘어가고 있다. 지식기반사회나 정보화사회는 지식과 정보를 기반으로 하여 부와 재화 및 가치를 창출하는 사회이다. 이전에는 근력과 육체노동이 생산현장을 주도하였지만 이제는 지식과 정보로 대표되는 지력과 두뇌노동이 그 자리를 장악하고 있다. 사라지는 직종이 있는가 하면 떠오르는 직종이 생겨나는 것이다.

제러미 리프킨(Jeremy Rifkin)은 2025년에 이르면 현재의 노동력 중 5%만이 필요할 것이라는 예측을 내린 바 있다. 산업혁명 초기 단계에 기계파괴운동을 벌인 인류의 경험을 세계사의 흐름 속에서 찾아볼 수 있거니와, 첨단 기기에 일자리를 빼앗기는 노동자들의 숫자가 기하급수적으로 늘어나리라는 것쯤은 미래학자의 연구에 기대지 않더라도 능히 예상할 수 있는 일이다. 주유소의 주유원과 슈퍼마켓의 캐시어가 필요 없게 되고 통번역사, 비행기 조종사 등의 직종이 사라진다는 것이다. 그렇다면 과연 나머지에 해당하는 95%의 운명은 어떻게 되는 것인가?

인간 기대수명의 연장이 저출산 고령화 사회를 빠르게 만들어내고 있다. 한국의 경우 2012년에 돌파하리라던 기대수명 80세의 벽은 2008년에 이미 깨져버린 상황이다. 머지않아 기대수명 100세의 시대가 도래하는 것으로 예측의 결과가 수정되는 추세에 있다. 기대수명의 가파른 성장세에 반비례하여 직장의 수명은 점점 더 짧아진다. 당연히 평생직장이나 평생직업의 개념은 사라지고 수치대로라면 생애 두 번의 전직(轉職)까지 가능한 현실인 것이다. 그와 같은 가능성이 불가피성이 된다는 점에서 문제의 심각성을 고려하지 않을 수 없다. 노후를 걱정하지 않을 수 없다는 뜻이다.

평생학습 혹은 평생교육의 중요성이 여기에 있다. 골프를 배우는 일은 선택사항이 될 수도 있다. 그렇지만 직종이 사라지는 데 따르는 전문성의 증발 및 전직을 할 수밖에 없는 인생 후반기 사이클에서 밀려나지 않으려면 무엇이든 배워야 한다. 전혀 다른 세상 속으로 툭 떨어진 노후를 감당하기 위해서라면 더더욱 배워야 하는 것이다. 평생학습이나 평생교육이 선택이 아닌 필수사항이 되어야 하는 이유가 거기에 있다.

곤란해서 배우든가 곤란해도 배우지 않든가 공자의 시대에 그것은 개인의 몫이자 개인의 선택사항이었다. 그러나 이제 그 문제는 개인의 몫으로만 돌려서는 안 되는 사안이 되었다. 국가가 나서고 지방정부가 나서고 각종 사회단체가 나서야 한다. 친구들이 등을 떠밀며 배우라고 하는 것처럼 국민들로 하여금 평생교육의 길로 나아갈 수 있게끔 독려하고 기회를 베풀어야 한다. 그것이 지금 국가가 할 일이고 지방정부가 할 일이고 나아가 사회단체나 교육기관이 해야 할 일이다.

(2011)

가을에 찾아온 김호연재

김호연재(金浩然齋)는 3백 년 전의 인물이다. 충청도 홍성의 갈산면 오두리에서 태어나 열아홉 살 되던 해에 대전의 대덕구 송촌으로 시집을 왔다. 병자호란 당시 강화도에서 순절한 선원공 김상용(金尙容)을 고조부로 한 안동김씨 집안의 규수였다. 남편 송요화(宋堯和)는 동춘당 송준길(宋浚吉)이 증조부인 은진송씨 자손으로 선대로부터 내려온 숙연이 두 사람의 혼인을 가능하게 했다.

아버지 고성군수 김성달(金盛達)은 아들 딸 차별을 두지 않는 분이었다. 영민한 김호연재는 그와 같은 집안 분위기 속에서 남자형제들과 함께 자유롭게 서책도 대하고 한시도 지으면서 어린 시절을 보냈다. 그러나 혼인 이후 김호연재의 생활은 그렇지 않았던 듯싶다. 그 시대 여자들의 보편적인 삶의 방식이었겠지만 시가의 환경이 낯설고 남편마저 바깥출입이 잦은 까닭에 부부 간에도 애틋한 정을 키워내지는 못한 것으로 보인다.

부족한 살림살이를 건사하는 틈틈이 울울한 자신의 심회를 한시에 담아놓는 것이 그나마 그녀로서는 마음을 붙일 수 있는 유일한 길이었다. 늦게 둔 자식은 아직 어렸고 말을 통하는 상대는 시가 쪽 집안의 몇 안 되는 조카들뿐이었다. 멀리 두고 온 친정식구가 눈에 밟힐 뿐, 이따금 오라버니가 지나가는 길에 들르기라도 하면 그것이 유일한 즐거움이었다. 재회의 자리가 끝나고 나면 몇 편의 한시가 만들어지고는 했다.

마흔 두 살이라는 길지 않은 생애임에도 2백여 편이 넘는 한시를 지어낸 것은 지금의 눈으로 보아도 놀라운 일이 아닐 수 없다. 그런데 더욱 놀라운 것은 그 작품들을 시가 쪽 집안사람들이 책으로 엮고 언해(諺解)를 하고 며느리와 손자며느리들이 대를 이어 읽어가며 지금까지 보관해오고 있다는 사실이다. 김호연재의 한시집은 현재 원본과 사본, 언해본 등 몇 가지 다른 형태들이 함께 전해지고 있다.

"고요히 밝은 창에 만권서(萬卷書)를 대하였으니 / 성현의 마음 자취 앉아서도 삼삼하도다. / 하늘 연못 같은 큰 도는 보기 어려우나 / 오히려 아득한 뜻으로 잠깐 깨닫는 도다." '관서(觀書)'라는 제하의 이 한시 또한 학문의 세계를 기웃거리며 배움의 열정을 불태웠을 그녀의 어린 시절을 떠올려준다. 김상용과 김상헌(金尚憲) 등 당대 최고의 명망가 후예라는 자부심, 학식과 자애를 두루 갖춘 부친과 기린 같은 형제자매, 그 속에서 귀여움을 독차지한 자기 자신, 어느 것 하나 부러울 것이 없었으리라.

고향 마을에서 뛰놀며 바다를 바라보고 꿈을 키우던 김호연재에게 출가(出嫁)와 출가 이후의 생활은 어느 면 그와 같은 가능성을 유예시키는 것이었다. 작품 여기저기에 울적한 심회를 얹어놓고 있는 것을 보면 보는 이의 심사마저 울적해진다. 여성이라는 굴레를 쓰고 무심한 세월을 보냈을 하릴없는 정경이 눈에 밟히기 때문이다. 그러나 그 모든 것들은 어찌할 수 없는 그 시대의 탓이었다.

지금은 세상이 달라졌다. 여성은 남성과 동등한 권리를 부여받는다. 여성에 대한 성차별이 남아 있다고는 하지만 이제는 남성이 역차별을 받는다는 볼멘 목소리까지 들려오는 판이다. 대학에서 학생들의 답안지를 채점하다 보면 여학생들의 점수가 월등하게 높이 나온다. 심지어 중년을 넘긴 나이가 되면 여자들은 밖에 나가도 일자리가 있지만 남자들의 경우는 그것도 없다고 한다.

헤드헌터(Head Hunter) 유순신이 이러한 말을 했다. 한 가지 확실한 것은 세상이 점점 더 여성들에게 유리해져가고 있다는 것. 능력 있는 여성이 많아진 이유도 있겠지만 소비산업의 발달 및 소비계층이 대부분 여성이라는 점이 이 사회가 여성을 필요로 한다는 것이다. 여성들의 기호에 맞는 상품을 만들어야 하고 여성들의 구미에 맞는 마케팅 전략을 수립해야 한다. 그래서 기업에서는 요즘 꽃비서보다는 전문성을 갖춘 안정된 기혼여성을 선호한다고 한다.

여성들의 영역이 점점 더 넓어지고 있다. 커리어우먼(Career Woman)과 파워우먼(Power Woman)의 시대가 찾아오고 있는 것이다. 세상은 지금 여성들을 원하고 있다. 3백 년 전 홍성 색시 김호연재가 대전으로 시집을 왔다. 꽃가마 타고 넘어왔을 신행길이 이틀 사흘은 족히 걸렸으리라. 그러나 지금 그 길 위로는 고속도로가 뚫려 있다. 승용차를 몰고 그 길을 달리면 대전에서 홍성까지 삼십 분이면 충분하다. 세상이 그만큼 달라졌고 세상이 그만큼 빨라졌다는 뜻이다.

대전광역시 대덕구에서는 해마다 가을이 되면 김호연재를 기리는 문화예술제를 개최한다. 그 행사의 일부 프로그램이 김호연재 여성백일장이다. 올해로 네 번째를 맞는 백일장에서는 또 어떤 여성 문사가 등장하여 얼굴을 보여줄 지 한 걸음 앞서 기대를 가져본다. 아파트가 밀집한 도심 한가운데에 오래된 기와집 하나가 꽃봉오리처럼 앉아 있다. 김호연재의 자취가 서린 소대헌고택(小大軒古宅)이다. 행사가 열리는 동춘당공원도 그녀의 발자국이 머물러 있는 곳이다.

(2011)

세상을 바꾼 세 사람의 생각

지금은 개인용 컴퓨터를 너무도 당연하게 생각하고 있고 하드웨어(Hardware)라는 말과 소프트웨어(Software)라는 말을 쉽게 구분하지만 빌 게이츠(Bill Gates)가 하버드대학을 자퇴하고 처음 그 일을 시작했을 때만 해도 그 말들은 일반인들에게 아주 생소하고 전문적인 용어들이었다. 이름 때문에 한때 '마이크로소프트사'는 맛있고 부드러운 아이스크림을 만드는 회사로 잘못 알려진 적도 있었다는 것이다. 빌 게이츠가 회사를 창립한 1975년 당시, 사람들은 컴퓨터라고 하면 핵실험을 위해 개발한 정교한 장치를 떠올리며 건물의 한쪽 벽면 전체를 차지하는 대형 컴퓨터 시스템을 먼저 생각했다. 그 컴퓨터 시스템에 단말기를 연결하여 간단하게 수치계산을 하는 사람들은 그것만으로도 혜택 받는 특권층이라고 뻐기며 스스로를 뿌듯해했다.

그랬던 시대에 빌 게이츠는 대형 컴퓨터의 성능을 뛰어넘는 소형 컴퓨터의 미래를 예상하고 회사 이름에 '마이크로(Micro)'라는 단어를 집어넣었다. 모든 사람들의 집과 사무실 책상에 개인용 컴퓨터(PC)가 올라가는 그날을 예상했던 것이다. 이것이

소위 비전(Vision)이다. 빌 게이츠는 또한 컴퓨터와 프로그램이라는 개념만이 존재했을 때 이미 소프트웨어라는 새로운 방식의 수익 모델을 창출하고 있었다. 그래서 '소프트(Soft)'라는 단어도 집어넣었다. 컴퓨터를 사면 프로그램은 무료로 딸려오거나 직접 만들어야 하는 것으로 생각들을 했지만 그는 소프트웨어라는 이름으로 프로그램을 사고파는 시대를 예견하고 있었던 것이다.

'해리포터(Harry Potter)'라는 소설을 써서 일약 세계적인 인물로 떠오른 조안 롤링(Joan K. Rowling)은 영국의 명문 옥스퍼드나 케임브리지대학 출신이 아니다. 스코틀랜드 지방에 있는 엑세터 대학에서 프랑스 문학을 전공했고 그 후에는 포르투갈 등지를 떠돌며 영어교사를 하는 등 내세울 것 없는 학력과 경력을 지닌 사람이었다. 이혼을 하고 혼자 낳은 딸을 키우는 싱글맘(single mom)으로 살아가다가 나중에는 기초수급대상자 신세로 떨어지기까지 했다. 그녀는 어려서부터 워낙 옛날이야기를 좋아했다고 한다. 어느 날 런던으로 가는 기차 안에서 해리포터 이야기를 구상했고 그 자리에서 몇 장을 급히 써서 출판사에 보냈다는 것이다. 그런데 원고를 읽은 출판사가 관심을 보이며 계속 써 줄 것을 요청했다. 그것이 오늘날 성공을 거둔 '해리포터' 신화의 시작이 되었다. 작품 속 주인공보다 그녀가 먼저 마법에 걸려버린 것이다. 이것이 말하자면 상상력이다.

조안 롤링은 이 소설 하나로 세계적인 부자가 되었다. 재산이 1조 4천억 원에 이르고 더욱이 '해리포터'를 통한 영국의 경제효과는 3백조 원이 넘는다고 한다. 말하자면 영국 경제를 먹여 살리는 엄청난 인물이 된 것이다. 이야기 자체는 별 것이 아니지만 고난 속에서 성공 신화를 거두었기 때문에 그녀의 성취는 더욱 값진 것이 되었다. 하버드대학의 졸업식 축하연설에서 그녀가 이런 말을 했다. "세상을 바꾸는 데 마법은 필요하지 않습니다. 우리 자신은 이미 그것보다 더 나은 상상력이라는 힘을 갖고 있습니다. 상상력은 인간만이 갖고 있는 능력일 뿐 아니라 존재하지 않는 것도 보이게 하는 능력입니다. 그리고 그것은 발명과 혁신의 원천입니다. 여러분들은 이러한 능력을 주위의 어려운 사람들을 위해 사용하기를 바랍니다."

스티브 잡스(Steve Jobs)의 '애플'은 후발기업들이 치고 올라와 정글이 되어버린 기존의 IT시장에서 과감하게 벗어나 아이팟(iPod), 아이폰(iPhone), 아이패드(iPad) 등 완전히 새로운 개념의 IT기기들을 만들어냈다. 이것이 세계적인 선풍을 일으켰고, 그 결과 자신만의 독점적인 영역에 자신만의 고유한 깃발을 꽂을 수 있었다. 스티브 잡스는 아이패드를 출시하는 자리에서 "애플은 변함없이 기술과 인문학의 교차로에 서 있다."는 말을 했다. 인간과 기술이 공존하는 새로운 휴먼테크(Human-Tech)의 시작을 알리는 발언이다. 이것이 이른바 창의성이다.

스티브 잡스는 미혼모의 아들로 태어나 어려서 양부모에게 입양되었다. 대학을 한 학기 만에 물러난 그는 젊어서는 히피(hippie) 문화에 열광했고, 한때는 동양의 정신세계에 심취하여 인도 여행을 다녀온 적도 있다. 그런데 이 뒤죽박죽의 문제적인 인물이 특별한 기술도 없이 유별난 아이디어로 새로운 영역을 개척한 것이다. "마이크로소프트의 유일한 문제점은 그들이

센스라고는 눈곱만치도 없다는 것입니다. 이것은 커다란 문제입니다. 그들은 고유의 정체성이 없으며 그들의 제품에는 문화가 담겨 있지 않습니다." 경쟁자를 향한 스티브 잡스의 자신감 넘치는 발언이다.

빌 게이츠의 비전, 조안 롤링의 상상력, 스티브 잡스의 창의성, 이 세 가지 생각이 세상을 바꿔놓고 있다. 그런데 잘 살펴보시기 바란다. 그 안에는 모두가 한결같이 인간에 대한 무한한 배려와 인간에 대한 아주 근접된 지점의 관심이 녹아 있다. 내 방식대로 표현하자면 인문학적 사유와 인문학적 관점이 바탕에 깔려 있다는 뜻이다.

(2011)

노인들을 위한 자리는 없다

군산 앞바다에는 크고 작은 삼십여 개의 섬들이 모여 있다. 그래서 예로부터 고군산군도(古郡山群島)라고 불렀다. 그 고군산군도에서 가장 크고 또 가장 많이 알려진 섬이 선유도(仙遊島)이다. 이름으로 보면 신선이 내려와 노는 섬이라는 뜻인데 왜 그러한 이름이 붙었는가는 직접 섬에 들어가 눈으로 확인해보면 알 것이다. 군산 연안여객선 터미널에서 한 시간 남짓 배를 타고 나가면 선유도 선착장에 닿게 된다. 당일여행도 충분할 만큼 육지와 가까운 바다에 떠 있는 섬이다.

선유도 북쪽에는 높이 152m의 우뚝 솟은 바위산이 하나 있다. 바위가 위로 올라가다가 중간에서 갈라져 좌우에 각각 봉우리를 얹어놓았다. 그래서 그 모습이 전라도 진안에 있는 마이산을 빼닮았다. 섬에 있는 것으로 높이가 그 정도라면 제법 모양을 갖춘 산이 된다. 이름은 망주봉(望主峰)이다. 섬으로 유배 온 선비가 산에 올라 늘 한양 쪽을 바라보며 임금을 그리워했다고 해서 그와 같은 이름이 붙었다고 한다. 전해오는 이야기로 본다면 서울의 북한산이나 영암에 있는 월출산을 연상하게 해주는 산이다.

어느 해 가을 선유도를 다녀온 적이 있다. 선착장에 내리자마자 돌올한 바위 봉우리가 앞을 막으며 나타났다. 앞에서 말한 망주봉이었다. 당연히 올라가보고 싶다는 생각을 했다. 그런데 그때는 망주봉에 얽힌 전설도 알지 못했고 또 주변에서 하는 말이 바위산이기 때문에 올라갈 수 없다는 것이었다. 도리 없이 등정의 희망을 접고 자전거 하이킹으로 그날의 소풍을 대신했다. 그때 이러한 생각이 머리를 스쳤다. "저 바위 절벽에도 봄이 되면 진달래가 피어나겠지……?"

무녀도, 장자도, 대장도 등 다리로 연결된 섬들을 자전거로 달리다가 다시 선유도로 돌아왔다. 이번에는 망주봉 뒤편으로 가보았다. 그런데 맙소사! 그쪽으로 등산로가 나 있는 것이 아닌가? 아뿔싸! 대충 짐작으로 소요시간을 따져보니 계산이 나오지 않았다. 아무런 준비 없이 불쑥 찾아온 외지인에게 산은 쉽사리 안으로 들어가는 길을 내주지 않았던 것이다. 문득 '헌화가(獻花歌)'를 부른 노인이 떠올랐다. '삼국유사'에 등장하는 소를 끌고 가던 그 노인 말이다.

신라 성덕왕 시절 순정공(純貞公)이 강릉으로 가는 도중에 점심을 먹게 되었다. 옆으로 천길 절벽이 펼쳐져 있고 그 위에 진달래꽃이 피어 있었다. 순정공의 부인 수로(水路)가 좌우를 돌아보며 말을 했다. "저 꽃을 꺾어다 줄 사람이 누가 있을까?" 따르는 무리들이 한 목소리로 대답을 했다. "사람이 발붙여 올라갈 데가 못 됩니다." 그때 한 노인이 암소를 몰고 가다가 수로부인의 말을 듣고 꽃을 꺾어다 바쳤다. 꽃을 바치면서 노인이 노래를 지어 불렀다. 그 노래가 '헌화가'이다. 인근을 지나가는 노인이었으니 산길을 알았을 테고, 그러니 절벽을 기어올라 꽃을 꺾어 바칠 수 있었던 것이다.

이처럼 노인의 힘이 빛을 발휘하던 때가 있었다. 앨빈 토플러(Alvin Toffler)의 지적에 따른다면 적어도 제3의 물결이 밀려오기 전까지는 그랬다. 농경생활을 하던 제1의 물결은 물론이거니와 산업생산을 하던 제2의 물결에서도 노인들이 지닌 지식과 지혜는 소중했다. 또 그렇기 때문에 노인은 존중의 대상이 되었다. 노인에 대한 공경은 이를테면 예절의 문제이기 이전에 생존의 문제였던 것이다. 그 시절 노인의 나이는 모든 것을 제압하는 수단이었다. '쟁년(爭年)' 즉 나이다툼이 바로 '쟁장(爭長)' 즉 어른다툼이던 시절이 불과 얼마 전이었다.

하지만 첨단의 과학기술이 몰고 온 제3의 물결에서는 노인의 자리를 찾기가 점점 더 어려워진다. 며칠 전 통계청은 올 1분기 비경제활동 인구와 그 중 대졸 이상의 고학력자가 차지하는 비율을 각각 발표했다. 10년 전과 비교했을 때 비경제활동 인구는 11% 남짓 늘어난 데 비해 대졸 이상 비경제활동 인구는 80% 증가했다는 비교수치가 나왔다. 청년실업의 증가도 한몫을 했겠지만 그러나 그보다는 베이비붐 세대의 본격적인 은퇴 및 사회고령화가 그 같은 결과를 불러왔다는 것이 관계자들의 분석이다.

오늘 아침 출근길도 지하철로 잡았다. 도시의 서쪽 끝으로 집을 옮긴 뒤 동쪽 끝에 있는 학교까지는 늘 횡단의 여정이다. 허나 다행히 도시철도가 깔려 있어 주로 그것을 이용하여 출퇴근길을 잡는다. 적당히 붐비는 지하철 안에서 등받침대 부위에 보라색 띠줄로 표시해놓은 경로석은 눈에 잘 띄지도 않는다. 뿐 아니라 그 자리에 앉아 있는 노인들도 잘 보이지 않는다. 하기야 노인이 지하철에 올라탄들 그 자리에 앉아 있는 어느 누가 주목이나 하겠는가? 그것이 요즈음의 세상인심이다.

오늘 아침 지하철도 마찬가지였다. 노인은 더러 있었지만 노인을 위한 자리는 남아 있지 않았다. 대신에, 각자 이어폰을 귀에 꽂고 손으로는 열심히 스마트폰을 밀어대는 신인류들이 촘촘히 그 자리를 점령하고 있었다.

(2011)

기술과 인문학의 교차로

"십 년을 경영하여 초려 삼간 지어내니 / 나 한 칸 달 한 칸에 청풍 한 칸 맡겨두고 / 강산은 들일 데 없으니 둘러 두고 보리라." 이 좋은 계절에 아주 멋진 시조를 한 수 들려줄 수 있어서 반갑다. 세 칸짜리 초가를 지어 한 칸에 내가 들고 두 칸은 달과 바람에게 맡겨두고, 내친 김에 강과 산도 들이려다 보니 들일 데가 없어 그냥 둘러두고 보겠노라. 지붕 너머로 달이 보이고 문틈으로는 바람이 지나가는 누옥(陋屋)이지만 강과 산을 병풍처럼 둘러놓고 내 한 세월을 거기서 보내련다. 도시의 삭막함에 포위되어 사는 처지에서 보면 참으로 신선하고 놀라운 발상이 아닐 수 없다.

밤이면 대청마루 끝에 누워서 달을 바라본다. 낮이면 문설주에 기대앉아 바람을 쐰다. 어디 그뿐인가? 저 아래 펼쳐진 강줄기와 드문드문한 산자락은 눈만 뜨면 바라볼 수 있는 내 강이고 내 산이 아니던가? 달과 바람과 강과 산을 내 소유라고 우긴다 해도 어느 것 하나 속된 구석이 없다. 말하자면 그것이 '보름달' 표 TV이거나 '청풍' 브랜드의 에어컨이 아니기 때문이다. 소유하겠다고 소유할 수 있는 대상이 아니기 때문이다. 노래를 지은 시인은 이미 그것을 알고 있다.

1854년 백인 관리 아이삭 스티븐스가 시애틀의 퓨젓 사운드에 와서 땅을 사겠다고 했다. 거기에 거주하는 원주민 인디언들을 따로 관리하기 위해서는 땅이 필요했던 것이다. 그러자 인디언 추장 시애틀이 백인들 앞으로 나서서 준엄한 연설을 토해냈다. 이 연설 내용은 나중에 시애틀 추장과 친구가 된 한 백인이 삼십 년이 지나 그곳의 지역 신문에 공개함으로써 알려지게 되었다. 그 글에도 역시 소유의 개념은 보이지 않는다.

"우리는 우리의 땅을 사겠다는 당신들의 제안에 대해 심사숙고할 것이다. 하지만 나의 부족은 물을 것이다. 얼굴 허연 추장이 사고자 하는 것이 무엇인가를……. 그것은 우리로서는 무척 이해하기 어려운 일이다. 우리가 어떻게 공기를 사고팔 수 있단 말인가? 대지의 따뜻함을 어떻게 사고판다는 말인가? 우리로선 상상하기조차 힘든 일이다. 부드러운 공기와 재잘거리는 시냇물을 우리가 어떻게 소유할 수 있으며, 또한 소유하지도 않은 것을 어떻게 사고 팔 수 있단 말인가?"

앞의 시조에는 눈에 확 띄는 어휘가 하나 포함되어 있다. '경영(經營)'이다. 인문학을 전공하고 막 사회에 진출하려는 대학 졸업반 학생들에게는 조금은 불편하고 쓸쓸하게 들리는 어휘가 전공으로서의 '경영'이다. 그런데 그 '경영'이라는 말이 문인이자 관료였던 조선조 중엽의 인물 면앙정 송순(宋純)의 시조에 쓰이고 있다는 사실이 신선하게 다가온다. 여기서의 '경영'은 다른 뜻이 아니다. 십 년 동안 애써 일하고 준비하여 마련한 끝에 초가삼간을 지었다는 말이다. 그렇게 해서 지어진 정자가 전남 담양군 제월면 망정마을 앞산 언덕에 있는 면앙정(俛仰亭)이다.

경영이라고 하면 쉽게 기업경영이나 조직경영, 국가경영 정도의 의미가 떠오를 것이다. 그러나 그러한 것들만이 경영의 전부는 아니다. 자기 자신에 대한 경영도 있을 수 있고 가족이나 가정에 대한 경영도 있을 수 있다. 어떤 면에서는 뒤엣것처럼 가깝고 당연하고 일상적인 경영이 더욱 중요할 지도 모른다. 자신에 대한 경영을 제대로 못하는 사람이 기업을 경영할 것이며 조직을 경영할 수 있겠는가? 가족이나 가정에 대한 경영을 도외시한 채 사회나 국가의 경영을 입에 올릴 수는 없는 일이다.

이와 같이 경영이라고 하면 요즘의 취업시장에서 통용되는 식의 좁은 의미의 경영만이 있는 것이 아니다. 송순이 십 년을 경영했다고 하듯 애쓰고 채비하고 가꾸고 마련함으로써 하고자 하는 바에 이르는 것, 그것이 넓은 의미의 경영이자 본래부터 지니고 있는 뜻이다. 수신(修身)하고 제가(齊家)하고 치국(治國)하는 것 하나하나가 모두가 다 경영이다. 달, 바람, 강과 산이 누구의 소유가 될 수 없듯이 경영이라는 말도 특정 학과나 특정 전공의 전유물은 아닌 것이다. 그런데도 유감스러운 것은 이 사회는 여전히 어느 한 쪽의 경영만을 경영으로 인정하고 있다는 점이다. 취업을 위하여 기업의 문을 노크할 때 그 점은 특히 두드러진다.

취업 시장의 많은 기업들은 여전히 경영학 이외의 다른 전공자들은 챙겨보려고 하지 않는다. 전문성과 함께 인성과 창의성을 두루 갖춘 인재가 필요하다고 말은 늘 하면서 좀처럼 실천에 옮길 생각을 갖지 않는다. 그런데 바로 그와 같은 'T'자형 인재나 제너럴 스페셜리스트(General Specialist)를 기를 수 있는 분야가 인문학이다. 인문학적 사고나 상상력에 대한 사회적 요구가 늘어나는 최근의 트랜드를 부지런히 기업들은 배워야 할 것이다. "애플은 변함없이 기술과 인문학의 교차로에 서 있다." 취업 시즌이 시작하는 요즘 아이폰의 개발자 스티브 잡스의 말을 다시 꺼내드는 이유이다.

(2010)

허생의 생각 연암의 생각

허생은 남산 아래 달동네 묵적골에 살고 있었다. 바느질품을 파는 아내 덕에 입에 풀칠은 하고 지냈으나 책 읽는 것 말고는 달리 하는 일이 없었다. 그러기를 일곱 해, 더 이상은 못 참게 된 아내의 한 마디가 허생을 책상머리에서 일으켜 세웠다. "기술자도 못하고 장사꾼도 못한다고? 그러면 도적질이라도 해야 하는 게 아니겠어요?"

자리에서 분연히 일어난 허생은 곧장 남대문을 질러 종로 네거리로 내려가 처음 마주친 사람을 붙잡고 물었다. "조선 제일의 부자가 누구요?" 행인이 일러준 대로 변부자 변승업을 찾아갔다. 만나자마자 불문곡직 일만 냥을 빌려 달라고 하자 변부자 두 말 없이 그 많은 돈을 빌려줬다. 사람 하나 보고 선뜻 내줬으니 요즘 말로 하자면 신용대출이었던 셈이다. 그 돈으로 허생은 과일을 싹쓸이하여 조선 팔도 어느 한 집도 제사상을 못 차리게 했다. 또 말총을 싹쓸이하여 머리 위에 쓰는 망건 값을 열 배로 올려놓았다. 어지간한 상술이고 못 말리는 심술이다. 공정거래법 위반은 물론이고 조상도 못 섬기게 하고 의관도 못 갖추게 한 것이다.

때마침 전라도 변산에서 수천 명의 도적떼가 일어났다. 가족도 농토도 없는 유민들이었다. 그러자 허생이 도적의 굴로 찾아가 일일이 돈을 나눠주며 처자도 얻고 소도 마련하라고 했다. 그러면서 하는 말이 어느 날 어느 곳으로 자기를 찾아오라는 것이었다. 약속한 날짜가 되어 도적들이 각자 마누라와 소를 앞세우고 모여들자 허생은 이들을 데리고 제주도 동남쪽 사람이 살지 않는 섬으로 들어갔다. 섬에서 크게 농토를 일구고 열심히 농사를 지어 식량이 남아돌게 되었다. 그러자 이번에는 기근에 시달리는 일본 장기도(長崎島)에 남은 식량을 내다 팔아 은 일백만 냥을 거둬들였다.

돈을 벌 만큼 번 허생은 오십만 냥을 바다에 집어던지고 나머지는 가난한 사람들에게 나눠주었다. 허생이라는 인물은 돈의 가치와 효용은 인정했는데 돈의 폐해를 두고서는 지독한 혐오증이 있었던 것 같다. 그래도 십만 냥이 남자 이번에는 한양으로 변부자를 찾아가 그 돈을 다 주며 빚을 갚는다고 했다. 이자가 너무 많다고 변부자가 고개를 저었으나 허생은 제 볼일 마쳤다는 듯 소매를 휘두르며 변부자집을 나왔다. 이에 변부자가 급하게 허생의 뒤를 밟아보니 남산 아래 오막살이집으로 들어가는 것이었다.

그날부터 변부자는 허생을 쫓아다니며 의식을 돌봐주는 일이 하나 더 생겨났다. 그런데 변부자가 허생에게 관심을 가진 것은 그 짧은 기간에 일백만 냥을 벌어들인 방법이었다. 허생이 어느 날 그 방법을 일러주면서 조선이 처한 여러 가지 상황과 잘못된 경제운용 방식을 따로 지적해주었다. 변부자는 허생의 도도한 언설에 감복하여 그 이인(異人)의 풍모를 어영대장 이완에게 알려주었다.

그때 이완은 북벌을 앞두고 널리 사람을 찾고 있는 중이었다. 허생의 인물됨을 전해들은 이완은 변부자를 앞세워 묵적골 허생의 집을 찾아갔다. 찾아온 용건을 밝히자 허생은 존명배청(尊明排靑)의 허무맹랑한 풍조를 지적하고 왕 이하 대소신료 및 사대부들의 무능함, 그리고 부조리한 조선의 현실에 대해 칼을 뽑아가며 크게 꾸짖었다. 깜짝 놀란 이완이 엉겁결에 자리를 피한 뒤 다음날 다시 가보니 그 사이 허생은 집을 비우고 어디론지 가버리고 없었다.

허생 이야기는 '열하일기' 중 '옥갑야화'에 들어 있다. 연암 박지원이 40대 중반 무렵 중국을 다녀온 뒤 엮은 이 책은 그의 특출한 사상이 탁절한 문장에 집약된 불후의 명저로 평가받고 있다. 특히 그 책에는 '야화(夜話)'나 '외전(外傳)' 형식의 신종 서사물들이 총집되어 있어 당대 사회 저층이나 도시 외곽에서 진행되고 있던 시대의 변화적 징후들을 생생하게 보여준다. '야화'나 '외전'은 이를테면 시대를 앞서간 아웃사이더들의 이야기인 것이다.

허생 또한 그 시대로 보면 신지식인 혹은 벤처기업인일지도 모르겠다는 생각을 가져본다. 시대의 간극과 세상의 변화를 타고 자신만의 아이디어로 무장하여 고소득을 실현한 허생, 그리고 밀레니엄의 총아로 떠오르며 지난 십여 년 동안 세상을 주무른 벤처기업인 혹은 신지식인 사이에는 분명 통하는 구석이 있어 보인다. 그런데 정작 지금에 와서는 그때 그 무성했던 벤처기업인이나 신지식인들의 행방이 묘연하다. 왜 그런가?

연암의 아들 박종채가 엮은 '과정록(過庭錄)'을 읽으며 다시금 그와 같은 생각을 갖게 되었다. 뜰을 거닐며 아들에게 시를 가르친 공자의 일화에서 이름을 따왔다는 이 책의 기록에는 아버지와 아들이 집안에서 주고받은 훈도의 내용과 함께 외경의 분위기로 가득 차 있다. 때문에 그 글을 읽으면 한 인간의 삶에 관한 자세를 알려주는 생생한 사례들을 보고 느낄 수 있다. 가까이에서 보는 연암의 모습인 것이다.

면천군수 시절 아전들의 신참례를 일거에 무너뜨렸다는 커다란 국량, 황장목 한 그루도 건드리지 않고 보낸 청렴의 양양부사 시절, 왼손과 오른손으로 쌍륙을 치며 글을 구상하는 치밀한 성격, 커다란 몸집과 거기에 어울리는 우렁우렁한 목소리, 끝없는 주량까지, 홀로 된 그에게 소실을 두라는 주위의 권유를 일거에 물리친 강단 등등이 '과정록'을 채우고 있는 연암의 모습들이다.

"호질(虎叱)"인 동시에 "호질(胡叱)"이기도 한 명편을 써서 설파한 당대의 시대정신 및 인간적인 결기와 인간에 대한 곡진함 등도 두 책에서 찾아낸 연암의 풍모로 거론할 수 있다. 조선 최고의 갑부를 꾸짖는 한편 제도권의 실세 중 실세인 어영대장을 쫓아내는 준열함, 서사적 자아마저도 비판의 대상으로 올려놓고 빈틈없이 진행되는 긴박한 이야기의 흐름, 이 모든 것들의 안쪽에는 연암이라는 이름의 커다란 그림자가 하나 턱 버티고 서 있다.

연암의 손자 박주수가 그렸다고 알려진 초상화 한 점이 연암의 기질을 능히 짐작하게 해준다. 남명 조식, 중봉 조헌, 그리고 그 한참 뒤의 단재 신채호 등 어느 분이 지적한 대로 이 태양인 체질임이 분명한 이들과 함께 연암의 치켜 올라간 두 눈초리가 날을 세우며 노려보고 있다. "기술자도 못하고 장사꾼도 못한다고? 그런다고 정말 도적질이라도 할 셈인가?" 분연히 일어나 소매를 떨치며 일갈하는 그 큰 풍모와 그 큰 목소리에 깜짝 놀라는 때가 있다.

(2007)

세계화된 세계에서 산다는 것

학과 학생들을 인솔하여 일본을 다녀왔다. 오사카, 나라, 교토, 고베 등을 둘러보는 일정이었다. 작년과 재작년은 중국을 다녀왔는데 올해는 일본으로 가게 되었다. 일본에 간다고 하자 출발에 앞서 학생들의 기대가 대단했다. 숙소와 행선지를 비롯하여 세부 일정이 정해지기가 무섭게 현지의 실전에 대비하느라 다들 열심이었다. 둘째 날 하루를 온전히 자유일정으로 마련해놓은 것이 좋기는 하면서도 걱정이 되는 모양이었다.

숙소의 위치를 확인하는 것은 물론이고 가까운 지하철역, 백화점, 아케이드, 박물관, 대학교, 심지어 점심과 저녁식사를 할 음식점까지 미리 정해놓고 있었다. 인터넷이 있기에 가능한 일이었다. 어떤 학생은 인터넷 카페에 들어가서 그쪽 친구들과 대화를 나누고 옷가게도 여러 개 소개를 받았다고 자랑이었다. 짐작은 했지만 젊은 학생들의 취향은 중국보다는 월등히 일본 쪽이었다.

해외연수 겸 여행지로 일본을 정하게 된 데에는 올해가 조선통신사 파견 4백 주년이라는 점도 작용을 했다. 우리가 부산에서 오사카까지 뱃길을 택한 것도 수업시간에 김인겸(金仁謙)의 '일동장유가(日東壯遊歌)'를 다룬 것도 다 그 때문이었다. 1763년 8월부터 이듬해 7월까지 일본을 다녀오는 데 장장 11개월이 걸린 제11차 조선통신사 사절단에는 삼방서기 김인겸도 들어 있었다. 그의 나이 57세 때였다.

서울에서 육로로 부산까지, 부산에서 해로로 대마도, 이키섬, 세토 내해, 오사카까지, 다시 육로로 오사카에서 에도까지 왕복 6천6백여 리를 다녀온 김인겸은 일본 여정에서 견문한 것들을 모아 총 7천여 행에 이르는 방대한 분량의 장편가사를 만들어 냈다. 뛰어난 관찰력과 기억력 그리고 문장력이 없으면 불가능한 일이었다. 일본 연수를 준비하면서 나는 이러한 말로 학생들과 약속을 했다. "그 옛날 조선통신사의 뛰어난 관찰력을 견지할 것, 그리고 내가 일본에 진출하게 된다면 '어디? 무엇?'이라는 물음을 한 순간도 놓치지 말 것."

돌아오는 날 저녁, 배에 승선을 하고 식사를 끝낸 뒤 일본연수를 마무리하는 차원에서 각자 자신의 소감을 한 편씩 글로 써서 제출하라는 과제를 냈다. 그리고 그날 밤 늦게까지 가장 넓은 객실을 잡아 전체 학생을 모아 놓고 그룹별 평가회를 가졌다. 평가회에서는 오사카에서 본 유니버설 스튜디오(Universal Studio), 나라의 도다이지(東大寺), 교토의 도시샤대학(同志社大學), 고베의 이진관(異人館) 등이 여러 차례 거론되었다. 또한, 자유일정으로 마련한 오사카에 대해서는 다들 특별한 경험들을 했는지 많은 오사카 이야기들이 쏟아져 나왔다. 그 자리에서 호평을 받은 몇몇 친구들의 일본 인상기가 있어 소개해본다.

일본 남학생들의 옷차림이 독특하다는 것. 오사카 신사이바시에서 본 젊은 남자애들 중 열에 아홉이 줄줄 엉덩이까지 흘러내리는 청바지를 걸치고 다녔다. 보기에 썩 좋지는 않았으나 아마도 조만간 현해탄을 건너 서울에서도 유행이 되지 않을까 짐작이 가능하다는 의견이었다. 그런데 그 청바지 뒷주머니에는 예외 없이 긴 장지갑들이 꽂혀 있었는데 그것들이 대개는 루이비통(Louisvuitton), 프라다(PRADA), 혹은 펜디(FENDI) 같은 명품들로 보였다는 것이다.

타코야키의 맛과 품질에 차이가 있다는 것. 아닌 게 아니라 타코야키의 본고장답게 오사카에서는 가는 곳마다 이 가게들을 볼 수 있었다. 그런데 도톤보리의 타코야키가 오사카성의 타코야키보다 먹기가 더 편하고 맛도 한결 좋았다고 한다. 그 맛은 문어 조각과 가쓰오 부시가 얼마나 많이 적절히 들어가느냐에 따라 결정되는 것 같았는데, 하지만 가장 중요한 것은 먹기가 편해야 한다는 점 즉 타코야키의 속이 너무 뜨거워서는 안 된다는 점을 학생들이 지적해냈다.

자동 티켓판매기 한 대가 두 사람의 몫을 해내고 있다는 것. 열너덧 개 식탁이 홀에 가득한데도 일하는 사람은 주방에 단 두 사람뿐이었다고 한다. 그리고 이쪽과 저쪽 입구에는 각각 하나씩 두 대의 자판기가 놓여 있었다. 손님이 자판기에 돈을 넣고 티켓을 끊어 주방에 갖다 주는데, 돈을 넣는 것은 계산하는 것이었고 티켓을 주는 것은 주문하는 것이었다. 라면집에서 자판기 한 대로 주문과 계산을 동시에 해결하는 것을 보고 일본이 과연 자판기의 천국이라는 사실을 실감했다는 것이다.

학생들의 소감을 다 듣고 난 뒤에 나도 몇 마디를 덧붙였다. 창업도 취업이 되고 해외진출도 취업이 되는 세상에 우리가 살고 있다는 것. 조선통신사 사절이 1764년 귀국하면서 우리나라에 처음으로 고구마를 들여왔다는 것. 그때 그 사절단의 한 사람이던 김인겸이 여기 가까운 공주 출신이며 그의 '일동장유가' 노래비가 그의 고향 금강 기슭의 도로 변에 세워져 있다는 것. 우리가 돌아가면 일본에서 인상 깊게 본 광경들이 '일동장유가' 속에도 있는지 찾아보자는 것.

(2007)

학생처장의 1월

가사문학의 대가 노계 박인로(朴仁老)의 작품 중에 '누항사(陋巷詞)'라는 것이 있다. 오성 이항복과 숱한 일화를 남긴 한음 이덕형이 자기 집안의 선산을 다녀오는 길에 인근에 사는 노계의 집을 방문했다. 시골에서 사는 것이 어떠냐고 한음이 물었다. 그때 노계가 대답을 대신하여 지었다고 하는 작품이 '누항사'이다. '누항사'는 제목 그대로 누추한 시골에서의 삶을 읊은 노래로 사대부의 신분임에도 불구하고 농사일에 직접 손을 담근 노계 자신의 모습을 보여주고 있어 인상적이다.

그 '누항사'에는 노계가 소를 빌리러 가는 장면이 나온다. 한 뙈기 남짓한 천둥지기 논에 마침 지나가는 비가 한 줄금 내려 용케도 물이 고였다. 그 물에 모심기를 하려면 때맞춰 논을 갈아야 하는데 집에는 그 일을 감당할 소가 없다. 그래서 노계는 이웃집을 찾아갔다. 미리미리 약조를 해놓아 소는 빌릴 수 있으리라 자신을 하고 있었는데 천만 뜻밖에도 주인의 입에서는 안 되겠다는 대답이 튀어나온다. "허위허위" 소를 빌리러 건너갔다가 "설피설피" 돌아오는 밤길, 먼 곳으로부터 개짓는 소리가 들려온다.

농경사회에서 소가 차지하는 비중은 막대했다. 지금 같으면 트랙터가 할 일을 소가 다 해낸 것이다. 다산 정약용의 시 '애절양(哀切陽)'에도 그와 같은 사정을 짐작케 해주는 대목이 들어 있다. 갓 태어난 아이가 사내라고 해서 득달같이 군역을 지우고 군역 대신 소를 빼앗아 갔다. 그러자 그 아비가 분을 못 이겨 낫으로 자신의 성기를 끊어버린 사건이 저 강진의 노전마을에서 발생한 것이다. 지난 시절 농부들은 이처럼 자신의 목숨 못지않게 소를 아끼고 소중히 여겼다. 오죽하면 생구(生口)라고 하며 가족같이 대했겠는가?

한때 대학을 우골탑이라고 부르던 시절이 있었다. 누구 말로는 그 시절 소 한 마리를 내다 팔면 한 학기 등록금은 물론이고 하숙비에 책값까지 해결되었다고 한다. 맞는 말인지 모르겠다. 하지만 1970년대 후반 대학을 다닌 내 기억으로도 한 학기 등록금은 10만 원 남짓에 지나지 않았다. 그것도 입학 당시는 7만 원에 불과하다가 4학년 마지막 학기 때 인상된 액수가 12만원이었다.

그런데 그것이 오르고 또 오르기를 거듭해서 한 해 대학등록금 1천만 원 시대를 눈앞에 두고 있는 것이다. 소 한 마리가 아니라 몇 마리로도 안 되고, 지방에 있는 경우라면 집이라도 깨끗하게 팔아야만 서울로 대학을 보낼 수 있게 된 것이다. 이러한 현실에서 등록금 책정을 앞둔 각 대학은 학생 대표들과 한판 조정과 협의의 절차를 거쳐야 한다. 그것을 다뤄야 하는 학생처장의 1월은 그래서 맥없이 바쁘고 영양가도 없이 부산하다.

다시 등록금 책정의 계절이 돌아왔다. 그런데 그때마다 매번 갖게 되는 의문은 학교 당국과 학생 대표가 과연 이 협의의 주역으로 합당한 것인가 하는 점이다. 학교나 학생 이외에도 협의나 조정의 주역 자리에 있어야 할 다른 당사자는 없는가 하는 점이다. 수요와 공급이 역전된 교육시장의 왜곡된 구조에서 대학의 생존은 노후대비에 바쁜 가장이 자녀의 등록금에 쏟는 고민을 담보하고 있다. 그런데 그것은 정부도 떠맡고 나서야 하는 게 아닌가? 80년대 이래 그 많은 대학들을 대책도 없이 인가해주고 또 설립까지 부추긴 정부의 책임은 없단 말인가?

교육의 수혜자는 교육을 받는 학생 개개인 뿐만은 아닐 것이다. 우리가 속해 있는 사회나 국가도 당연히 그 안에 포함되는 것이다. 그런 점에서 OECD 평균치의 25% 수준에 지나지 않는 현재 우리의 교육재정 규모는 부끄러운 일이 아닐 수 없다. 정부는 국공립과 공사립 구분할 것 없이 대학 및 대학생에 대한 재정지원을 큰 폭으로 확대하여야 한다. 사회간접자본에 투자하는 방식으로 교육비용의 상당 부분을 국가가 부담해야 하는 것이다. 대규모 장학금을 조성한다든가 등록금의 일부를 보전해준다든가 하는 등의 정책적인 배려가 마련되어야 한다.

대학도 문제는 있다. 재정 규모의 확충을 처음부터 끝까지 등록금 인상에만 의존하는 경우라면 그 대학의 미래는 없다고 봐도 될 것이다. 온갖 편법을 동원하여 지표 관리에 열을 올리고 연줄을 앞세워 재정 지원을 따먹는 일에 혈안이 된 대학들도 마찬가지이다. 하지만 대다수 대한민국의 대학들은 장학금 확대, 교수 충원 및 교육시설 확충은 물론이고 예상되는 정원

미달 사태와 교육개방의 어려움 속에서도 새로운 취업전략을 수립하고 학생들에게 맞는 교육프로그램을 개발하는 등의 노력을 게을리 하지 않고 있다.

그리하여 학생들도 졸업을 하고 학교를 떠날 때는 등록금을 낸 것만큼 아니 그 이상으로 되찾아가기를 희망한다. 지난 시절 소 팔아 대학 다닌 선배들은 학교 화장실에 비치된 두루마리 화장지를 대하고 문명의 실체를 체감했다고 한다. 2007년 한국의 대학생들 또한 다양하게 대학이 마련해놓고 있는 맞춤식 교육과 취업프로그램, 그리고 각종 교양교육과 공연문화의 세례를 한껏 누리고 나갈 수 있기를 희망한다. 밖에서 보는 대학이 아니다. 대학도 많이 바뀌었고 또 바뀌어가고 있는 중이다.

(2007)

추사의 한글 편지

주위에 축하할 일이 생기면 화분을 사러가는 단골 꽃가게가 있었다. 가까이에 있지도 않고 특별할 것도 없는 그 집을 찾는 이유는 노인이 직접 붓을 들고 화분 리본에 글씨를 써준다는 단 하나의 사실에 있었다. 붓으로 쓴 노인의 글씨가 워낙 달필인지라 화분의 품격 또한 여느 꽃집들과는 차원부터 달랐다. 화분에 매다는 리본 속 글씨는 여태껏 나의 기대를 한 번도 저버린 적이 없었다. 생각해 보라. 두어 송이 막 벌어지는 새참한 난분(蘭盆)을 보냈을 때, 그리고 또 그것을 상대방이 받아들었을 때, 시원하게 썩썩 써내려간 붓글씨가 어떤 기쁨을 덤으로 주었을까 생각해볼 일이다.

그랬는데 그만 그 꽃집마저도 운필(運筆)의 수고로움을 덜어내고 말았다. 모처럼 가게에 들러 난 하나를 골라 글씨를 부탁하는데 노인이 자리에 안 계셨다. 돋보기 너머로 붓을 놀리던 노인은 안 보이고 책상 위에는 PC와 프린터가 한 대씩 놓여 있었다. 무슨 변화가 일어난 걸까 잠시 주변을 둘러보는데 꽃집 아가씨가 책상으로 다가와 자판을 두드리기 시작했다. 그러자 기다렸다는 듯이 프린터가 작동을 하고 리본이 쭉쭉 빠져나왔다. 리본에는 땡글땡글한 글씨체로 축하 인사와 함께 내 이름이 인쇄되어 있었다. 화분을 사들고 나오기는 했으나 여간 아쉬운 일이 아니었다. 혼자 말없이 누리던 기쁨 하나가 날아가 버리고 만 것이다.

기쁨만 날아간 것이 아니었다. 기계가 조작해낸 글자들은 전혀 묵향(墨香)을 풍겨내지 못하고 있었다. 대신에 휘발유 비슷한 냄새가 났다. 글씨의 본질적인 차이가 그와 같은 결과를 낳았으니 난(蘭)도 난향(蘭香)도 다 사라져버리고 만 것이다. 수적(手迹)의 따뜻함이 자취를 감춘 자리에는 기계가 생산한 상품만이 존재하고 있었다. 뒤늦게 깨달은 일이지만 그 가게는 그 동안 아주 특별한 꽃집이었던 것이다.

글씨 하나 가지고 뭘 그러느냐고 힐난을 들을지도 모르겠다. 하지만 붓으로 필사한 옛 서책들을 대하면 나의 이 호들갑을 어느 정도는 이해하게 될 것이다. 세필(細筆)로 한 글자 한 글자 정갈하게 써내려간 글씨가 되었든 아니면 괴발개발 몽당붓으로 쓰다 말다 한 글씨가 되었든 그 안에는 글씨를 쓴 사람의 마음이 담겨 있는 법이다. 그런 글씨들은 글의 내용이나 수준에 관계없이 어떤 감동을 대하는 사람에게 전해준다.

수적의 따뜻함, 그리고 그 잔잔한 감동을 느낄 수 있는 것으로는 아무래도 편지글이 제격일 듯싶다. 때마침 서울 예술의전당 서예박물관에서는 추사 김정희의 '추사한글편지'전이 열리고 있다는 소식이다. 그 중에는 바다 건너 적거지 제주의 대정에서 충청도 예산 고향의 부인에게 보낸 열세 통의 편지가 포함되어 있다고 들었다. 부인 예안이씨는 그때 병석에 있는 몸이었다.

"매양 잘 있노라 하시오나 말씀이 미덥지 아니하오니 염려만 무궁하오며 부디 당신 한 몸으로만 알지 마옵시고 이 천리 해외에 있는 마음을 생각해서 십분 섭생을 잘하여 가시기 바라오며……" 깍듯한 경어체임에도 부인에 대한 그리움과 애틋함이 묻어나온다. 또 이런 내용은 어떠한가? 부인이 막 세상을 떠났는데도 그런 사실을 모르고 제주에서 보낸 편지의 한 구절이다. "이동안은 무슨 약을 드시며 아주 몸져누워 지냅니까. 간절한 심려로 걱정을 금하지 못하겠습니다."

그러한 추사도 한때는 부인에게 무안한 적이 있었던 모양이다. 그보다 13년 전인 추사 나이 44세 때 평양 감영에서 보낸 편지에는 평양 기녀 죽향과의 염문에 대해 이렇게 뚝딱 잡아떼고 있다. "나는 일양이오며 임자만 하여도 다른 의심하실 듯하오나 이집李室 편지가 다 거짓말이오니 곧이듣지 마십시오. 참말이라 하고 이제 백수지년白首之年에 그런 것에 거리끼겠습니까. 웃습니다." 깜찍한 추사의 모습이 정말로 우습지 아니한가?

원고를 마무리하다 보니 진짜 우스운 것이 따로 있었다. 손으로 글씨를 쓰는 대신 무심히 PC 앞에 쪼그리고 앉아 열심히 자판을 두드리고 있는 이 인간이 나라는 사실을 까맣게 모르고 있었다. 나 또한 PC가 없으면 이제는 한 줄도 생각이 떠오르지 않으니 이래저래 손으로 직접 써내려간 글씨를 만나보는 일이 어려운 세상이 되어버린 것 같다.

(2004)

어른 되기 어려운 세상

허름한 책방의 책꽂이 맨 위 칸에 누렇게 표지가 바랜 두 권의 책이 나란히 꽂혀 있었다. 까치발을 해서 꺼내보니 하나는 무애 양주동 선생의 '국학연구론고(國學硏究論攷)'였고 또 하나는 도남 조윤제 선생의 '도남잡지(陶南雜識)'였다. 각각 1962년 및 1964년에 간행된 책들이었다. 간행된 지 이십 년 이상은 족히 지났는데도 책 뒤표지 안쪽에 있는 정가표에는 가격을 올린 딱지가 안 붙어 있었다.

냉큼 집어 책값을 치르고 책방을 나서는데 그렇게 기분이 좋을 수가 없었다. 집에 와서 읽어보니 또 그렇게 재미있을 수가 없었다. 연구하다가 떨어뜨린 낙수거리거나 학문의 뒷길에서 건져낸 생각들을 재료로 쉽고도 간결하게 써내려간 아주 재미있는 글들이었다. 도남의 글 중에는 좋은 책을 싸게 사서 매우 기분이 좋았다는 자신의 경험담도 하나 실려 있었다. 내 이야기를 하는 것 같아 반가움이 배는 더했다. 대학 2학년 때의 일이다.

그 정도로 절묘한 경우는 아니지만 이수태의 책 '어른 되기의 어려움'도 내가 아끼는 책 가운데 하나다. 서점에 들른 자리에서 우연히 빼들었는데 그 잔잔하면서도 격조를 잃지 않는 문체가 어른의 품을 저절로 만들어내는 책이었다. 서서 읽은 서문의 한 구절이 특히 더 마음을 잡아끌었다. 같은 하늘 아래 똑같은 생각을 하고 있는 사람을 만났다는 반가움에 온몸이 가득 차오르는 느낌이었다.

"나는 적극적인 것이 어떤 것인지를 대충 알고 있고, 또 그런 이름으로 불리는 인간 행태도 볼 만큼은 보았다고 생각한다. 그러나 그 대부분은 나를 실망시켰고, 그 결과 나는 우리 시대의 적극성을 점점 불신하게 된 것 같다. 그래서 내가 희망하는 것은 단지 소극적인 것, 말하자면 기다리는 것, 잠들지 않고 깨어 있는 것 정도에 불과하다. 그것만으로도 솔직히 나는 벅차고 감당이 안 된다."

며칠 전이었다. 전직 총리들께서 한 자리에 모여 기자회견을 열었다. 머리가 허옇고 허리가 구부정하면서도 예전 모습들을 각자 간직하고 있었다. 그 분들이 회견을 마치고 나서는 장면은 나로 하여금 종잡을 수 없는 감회에 젖게끔 해주었다. 물끄러미 그 광경을 보고 있는데 "어른 되기의 어려움"이라는 책 제목이 불쑥 떠올랐다. 그리하여 그 책을 꺼내어 다시 읽어나갔다. 읽다가 다시 이런 구절을 찾아냈다.

"우리는 똑같이 9시 TV 뉴스를 보고, 똑같은 세상 소식을 듣고, 똑같은 물가상승과 패션의 변화 속에서 살고 있지만 이 세상을 똑같이 보고 있지는 않다. 우리가 세상을 보는 시각은 서로 다르고 그 다른 시각에 따라 완전히 다른 세상이 존재한다는 사실을 인정할 필요가 있다.

상상해 보라. 내가 권태롭고 짜증나고 무의미하다고 생각하는 세상 혹은 돼먹지 못하고 엉망진창이고 구제불능이라고 생각하는 세상을 지금 이 순간 어느 누군가는 다른 시각을 통해 의미와 섭리로 가득 찬 세상, 우리에게 위대한 계획을 보여주고 있는 세상, 그리하여 우리가 가야 할 길이 그 가운데에 뚜렷이 가로놓여 있는 세상으로 보고 있을 수도 있는 것이다.

우리가 아무 생각 없이 세상을 살아서는 안 된다는 것, 지혜와 안목을 얻기 위해서는 생사를 걸고 발분해야 한다는 것도 바로 그 때문이다. 우리는 생각함으로써 엄청나게 다른 세상을 살 수 있는 것이다."

총선을 며칠 앞두고 여당의 당대표라고 하는 사람이 노인을 비하하는 발언을 했다 하여 세간의 입방아에 오르내리고 있다. 같은 시각 나는 도남의 책 한 구절을 지나가고 있었다. 그 책에서 도남은 선배들을 공격하는 젊은 학자들의 손을 잡고 조곤조곤 낮은 목소리로 타이르고 있었다. 도남이, 무애가, 그리고 머리가 허연 노총리들이 회견장을 나서는 뒤끝으로는 우리네 아버지들의 모습도 언뜻언뜻 비치고 있었다. 이수태의 표현을 거듭 빌리자면 이제는 정말로 어른이 된다는 일이 어려운 세상이 되어버린 것이다.

(2004)

이상한 인터넷 세상

"춘향이 고운 태도 염용하고 앉는 거동 자세히 살펴보니 백석창파 새 비 뒤에 목욕하고 앉은 제비 사람을 보고 놀라는 듯, 별로 단장한 일 없이 천연한 국색이라. 옥안을 상대하니 여운간지명월이요, 단순을 반개하니 약수중지연화로다. 신선을 내몰라도 영주에 놀던 선녀 남원에 적거하니 월궁에 뫼던 선녀 벗 하나를 잃었구나. 네 얼굴 네 태도는 세상 인물 아니로다."

'춘향전(春香傳)'에 나오는 한 대목이다. 광한루에서 방자의 손에 이끌려 이도령 앞으로 불려온 춘향의 용모를 작품의 서술자는 이렇게 이도령의 시선을 빌어 표현해놓고 있다. '춘향전'과 같은 작품을 고소설이라고 하는데 고소설에 등장하는 여주인공들은 화용월태(花容月態)에 명월(明月)과 연화(蓮花)요 선녀(仙女)의 그것과 방불하다는 점에서 한결같은 모습을 보여준다. 그 점에서 '춘향전'을 포함한 고소설은 서구문학의 기준으로 본다면 로망스(Romance)에 속하는 부류들이다.

그러나 오늘날 소설 속에서는 춘향과 같은 용모의 여주인공을 만나기가 쉽지 않다. 설령 만난다고 하더라도 그런 식으로 묘사되어 있는 경우는 거의 없다. 영웅과 귀족들의 세계에 침윤해 있던 중세사회 로망스가 근대 시민사회의 주역인 민중들에게는 먹혀들지 않았다. 민중들은 영웅이나 귀족보다는 자신들과 같은 평범한 사람들을 선호했으며, 평범한 사람들이 어울려 함께 꾸려가는 일상적인 사건들에 호감을 가졌던 것이다.

그런 점에서 인류가 이룩해 낸 서사문학의 전개는 주인공의 신분이나 능력이 하락하는 과정과 짝을 이루는 것이라고 할 수 있다. 신화에서 영웅서사시로, 다시 로망스와 노벨(Novel)로 이어지는 장구한 서사물의 흐름은 신의 이야기를 인간의 이야기로 돌려버렸고 비범한 인물의 이야기를 평범한 인물의 이야기로 바꿔놓았다.

그러한 과정을 거쳐 배태된 것이 노벨이기 때문에 노벨은 우리와 같은 보통사람들의 사고와 행동, 그리고 현실에서 벌어지는 온갖 사건들을 자유롭게 이야기 형식으로 담아낼 수 있었던 것이다. 그런데 그와 같은 고소설에서나 나올 법한 인물형들이 '얼짱'이니 '몸짱'이니 하는 말로 불리면서 우리 주변을 배회하고 있다. 나와 같은 노벨형 인물로서는 이해하기 쉽지 않은 현상들이 벌어지고 있는 것이다.

아이들 입에서 이러한 말들이 오르내리고 있을 때만 해도 그저 그것이 저희들끼리 주고받는 은어(隱語) 이상은 아닌 것으로 대수롭지 않게 생각했다. 일간지에서 환하게 웃고 있는 여성 골퍼의 사진과 거기에 붙어 있는 "얼짱"이라는 수식어를 봤을 때도 이 둔감한 사람은 세상의 흐름을 눈치 채지 못하고 있었다. 그런데 '얼짱' 신드롬을 다루는 방송 프로그램에서 '정치 얼짱'의 해부된 실상을 목격하고 나서는 아연실색하지 않을 수 없었다.

작년 여름에 미국의 경제전문 격주간지인 '포브스(Forbes)'가 "한국의 이상한 인터넷 세상(Korea's Weird Wired World)"이라는 제하로 인터넷 선진국인 우리나라에서 벌어지고 있는 "전혀 예상치 못한 기괴한 일들"을 소개한 바 있다. 얼짱, 몸짱 신드롬도 대략 그러한 사례들로 생각되거니와 성별이나 신분 등으로 규정되던 과거의 차별적 인간관이 요즘에는 외모로 바뀌어 부활하는 것이 아닌가 싶어 염려되는 측면이 있다. 최첨단 인터넷 시대에서 중세 시대의 그늘을 읽을 수 있기에 곤혹스럽다는 뜻이다.

(2004)

다시 보는 대한매일신보

"대한매일신보가 간행된 지 100여 년, 상당한 세월이 지났음에도 불구하고 오늘 우리의 현실은 여러 모로 그때와 유사하게 흘러가고 있다. 기술과 자본의 유입에 따른 국가경제의 불투명한 미래, 그에 대한 대안으로서의 세계화와 지식기반, 첨단 정보매체를 통한 또 하나의 전면개방, 그리고 무한경쟁으로 치닫고 있는 냉엄한 국제관계 등등 우리를 둘러싸고 있는 이 유례없는 변화는 대한매일신보가 떠맡고 있던 지난 세기의 벽두에서도 그 비슷한 사례들을 찾아낼 수 있다."

서너 해 전에 아주 유능하고 부지런한 대학원생 한 사람과 대한매일신보의 문학 관련 자료들을 발굴하여 정리하는 작업을 수행한 적이 있다. 1904년에 창간하여 국권상실의 시점에 이르기까지 7년 동안 발행된 대한매일신보에는 당시의 문학 형식에 맞춰 제작한 시편들이 하루도 빠짐없이 지면에 올라와 있었다. 다행히 몇 해 지나지 않아 작업의 성과를 다섯 권짜리 책으로 묶어낼 수 있었는데 위 글은 그 책의 서문에다가 올려놓은 내용이다.

애국계몽기 시대의 대표적인 정론지로 평가를 받는 대한매일신보에는 기자나 편집자들 말고도 개인이나 단체의 자격으로 사사로운 의견을 표출해놓은 글들이 적지 않다. 짐작컨대 어수선한 국내외 정세와 함께 현재에 대한 진단 및 미래에 대한 전망 등이 분출하는 시점에서 신문이라고 하는 새로운 매체가 등장하게 되자 각계각층의 개인적 견해들이 실현화 할 수 있는 좋은 기회를 잡은 결과가 아닌가 여겨진다. 사이버 공간에서 각자의 의견을 자유롭게 개진할 수 있는 현재의 상황을 떠올린다면 한 세기 전 이 신문이 지닌 사회적 처지와 역할을 어느 정도 짐작할 수 있다.

대한매일신보의 지면을 채우고 있는 많은 수의 기사, 논설, 작품 등등을 살펴볼 때 특징적으로 부각되는 것은 나라의 장래를 걱정하는 글들이 절대 다수를 차지하고 있다는 사실이다. 신문을 비롯하여 언론이 지니고 있는 존재 의의가 비판적 기능에 모아지는 것은 자연스런 일이다. 매천 황현(黃玹)의 '매천야록(梅泉野錄)'이 대한매일신보의 기사를 요약 정리하는 방식으로 저술되었다는 사실을 환기한다면 당시 신문이 보여주는 우국(憂國)의 논조는 특기할 만한 것이라고 하겠다. 그 만큼 나라의 장래를 걱정하는 많은 사람들이 있었던 것이다.

대통령의 재신임 여부가 공론화되면서 도하 각 신문은 그에 대한 분분한 의견들로 지면을 채우고 있다. 인터넷 신문의 독자의견란에도 개인이 표출한 개인적인 견해들이 꼬리에 꼬리를 물고 이어지고 있다. 저마다 처해 있는 상황에 따라 생각이야 다르겠지만 나라의 장래를 걱정하는 충정(衷情)에서 글을 올렸다는 사실만큼은 인정해줘야 할 것이다. 그러나 1백여 년 전에 간행된 신문에 그 많은 우국의 글들이 실렸음에도 불구하고 이웃 나라에 국권을 넘겨야 하는 상황까지 밀려나게 된 것은 무슨 까닭인가? 그리고 지금, 그 당시 지사연(志士然) 했던 분들의 인생 마지막 행로를 우리 역사에서 쉬이 찾아낼 수 없음은 또 무슨 까닭인가?

우리가 선택한 대통령책임제는 말 그대로 대통령이 책임을 지는 권력구조를 의미한다. 그러나 지금 우리가 처한 현실은 어떠한가? 8개월 남짓한 국정의 난맥을 대통령은 책임을 지려고 하지 않고, 또 반대편에서는 4년 넘게 남아 있는 국정을 대통령에게 책임을 지우려 하지 않고 있다. 내부의 일에 골몰하여 서로를 외면하는 관계의 공백지대에서 국제사회의 치열한 역학관계는 오늘도 우리와 무관하게 흘러가고 있다. 대한매일신보에 왜 그렇게도 국제관계에 관한 기사가 보이지 않았는지, 오늘 다시 신문을 읽어가면서 그때 벌어진 저간의 사건들을 헤아려본다.

(2003)

추석 전야

추석이 가까워지기는 하는 모양이다. 백화점 일대가 차량들로 넘쳐나고 요 며칠 부쩍 아파트 출입문에는 평소 못 보던 사람들이 찾아와 선물보따리를 들고 두리번거리는 모습이 목격된다. 이번에도 추석은 불쑥 다가왔으니 손꼽아 기다리던 어린 날의 추석은 이제 영 사라졌다고 보아도 될 듯싶다.

추석 전날 저녁이 되면 온가족이 둘러앉아 송편을 빚었다. 이야기꽃이 만발한 가운데 누가 만든 송편이 제일 예쁜지 견주어보기도 하고 아무개는 시집가야지 또 아무개는 장가가야지 하며 덕담을 나누기도 했다. 흥성한 집안분위기에 아이들도 덩달아 신이 나서 자야 하는 시간을 까먹었을 것이다. 지난 시절 추석 전야의 풍경이다.

둥그렇게 달이 떠오르면 여자들은 마당에 나와 솥뚜껑을 뒤집어 걸고 큼지막한 부침개를 붙여냈고, 남자들은 또 남자들대로 물을 퍼 나르랴 땔감을 갖다 부리랴 여자들의 성화에 따라 몸을 움직였다. 어쩌면 그 시절 사랑방 깊숙한 곳에서는 밭은 기침에 담뱃대를 땅땅 두드리는 수염 깊으신 노인이 좌정하고 계시기도 했을 것이다. 그것도 지난 날 추석 전야의 풍경이다.

누런 황금 들판과 미리 입어보는 때때옷으로 명일(名日)의 존재를 알려주던 추석의 풍경은 산업화 시대를 거치며 꼬리를 무는 귀향객의 물결과 그들의 설레는 심정으로 바뀌었다. 그러나 이제는 편치 않은 선물 보따리와 그것을 물끄러미 바라보는 소외된 눈길들이 추석의 한 상징으로 굳어져 가고 있는 듯하다. 농담의 차원이기는 하지만 "더도 말고 덜도 말고 한가위만 없어라." 하는 서민들의 푸념이 가슴 한쪽을 찌르고 있는 추석이다.

지난 해 이맘 때 성인남녀를 대상으로 한 한국갤럽의 여론조사에서는 추석이 즐겁지 않다고 응답한 경우가 48%에 달했다고 한다. 그런데 올해에 추석을 앞두고 실시한 현대리서치의 조사에서는 그 수치가 57%로 나타났다. 한 해 사이에 무려 10%가 올라간 셈이다. IMF 때보다 더하다는 최근의 침체된 경기가 민족 최대의 명절을 무색하게 만들어버린 것이다. 그렇지만 꼭 그러한 것만이 이유의 전부는 아닌 것 같다.

여자들 특히 기혼 여성의 경우 명절을 보내는 것 자체가 고역이 되어버린 사정은 비단 어제 오늘의 일이 아니다. 제수용품을 준비하고 차례상을 차리는 일, 한 자리 모인 가족들을 뒤치다꺼리 하는 많은 일들이 여전히 여자의 몫으로 남아 있기 때문이다. 명절 연휴 대부분의 시간을 집안에서 보내는 요즘은 특히 여자들의 할 일이 더 늘어났다. 일은 죽어라고 해도 표가 나질 않으니 명절을 치르는 여자들은 허리가 아파오고 다리가 부어오르는 것이다.

그리하여 올해 추석 전야에는 남자들도 팔을 걷고 차례상 차림에 뛰어 들어가 볼 일이다. 수도꼭지를 틀면 물이 나오고 시장에 가면 온갖 재료들이 다 나와 있다고 하며 팔짱만 끼고 지켜볼 것이 아니라 나물도 삶아보고 과일도 깎아보고 제기(祭器)라도 꺼내어 마른걸레질이라도 해볼 일이다. 대신 우리는 산소에 올라가 벌초를 하지 않았느냐고 목청을 높일 수도 있겠으나, 예초기로 드르륵 하거나 대행업자에게 그 일마저 맡기는 요즘 세태에 여자들만 고생을 해서야 되겠는가 말이다.

아니면 추석이 끝난 후 남은 연휴기간을 여자들 위주로 보내는 것도 좋을 듯싶다. 가까운 곳으로 나들이를 한다든지 결혼 전에 자주 들르던 찻집을 다시 찾아가 차 한 잔을 나누는 것은 또 어떨는지……. 집안의 평화와 행복을 위하여 그 만한 일쯤은 할 수 있지 않겠는가? 머지않아 사라질지도 모르는 추석의 전통이 그 덕에 다시 이어지게 될 줄을 누가 또 어찌하여 알겠는가 말이다.

(2003)

도청도설, 생명의식

구제역의 그림자 … 180

거타지의 후예들 … 184

처지의 차이 관점의 차이 … 188

계룡산에 해탈문이 있었다는데 … 191

환상의 눈꽃열차 … 194

스너피와 옹고집 … 197

고향무정 … 200

국립공원 할 말 있다 … 203

이국종 강아지 … 206

천상의 화원 … 209

낡고 오래된 판자 하나 … 212

걷는 행복 … 215

새울의 봄 … 218

변산반도 기행 … 221

구제역의 그림자

계룡산 서쪽에 자리를 잡고 있는 갑사(甲寺)가 언젠가 전란의 화염에 휩싸여 불타고 무너졌을 때 일이다. 몇몇 스님이 신도들과 힘을 모아 중창불사(重創佛事)를 열기로 하고 이 마을 저 마을을 돌며 탁발행각에 나섰다. 시주금을 모아 목재를 고르고 터를 다지며 분주하게 보내던 어느 날, 불사를 주도하던 한 스님이 탁발에 나섰다가 목이 줄에 감겨 고생을 하고 있는 소 한 마리를 보고는 구해주었다. 고통에서 풀려난 소는 울음을 그치고 스님 주변을 한참 맴돌다가 고개를 숙이고는 어디론가 사라졌다.

주춧돌을 놓고 기둥을 세우고 대들보를 걸치고 지붕을 얹는 등 예정대로 공사는 진행되었으나 목재는 늘 부족했고 또 운반하기도 어려웠다. 그때마다 다시 탁발에 나섰고 신도들을 찾아다니며 정성을 모았다. 그러던 어느 날이었다. 아침예불을 마친 스님이 문밖을 나서다가 말고 깜짝 놀랐다. 소 한 마리가 달구지 가득 목재를 싣고 일주문을 향해 뚜벅뚜벅 올라오고 있는 것이 아닌가? 놀랍고 반가운 마음에 가까이 다가가 보니 며칠 전 탁발을 나선 길에서 목줄을 풀어준 바로 그 소였다.

소는 그날부터 목재를 운반할 일이 있으면 어김없이 나타나 도움을 준 뒤 유유히 사라지고는 했다. 한번은 이런 일도 있었다. 법당 마루를 백두산 향나무로 깔고 싶어 그럭저럭 목재를 구해놓기는 했는데 이번에는 그것을 운반하는 일이 문제였다. 그때 다시 소가 나타나 달구지에 한 짐 가득 향나무를 싣고는 계룡산을 향하는 것이었다. 소는 몇날 며칠이 걸려 갑사 일주문에 도착해서는 짐을 풀었다. 이렇게 필요할 때마다 소가 나타나 도움을 주었으므로 절을 짓는 일은 순조롭게 진행될 수 있었다.

어려운 일이 다 끝나고 공사가 거의 마무리 될 무렵 스님과 신도들이 특별한 음식을 장만하고 소를 찾아 나섰다. 그런데 이게 웬일인가? 소가 털썩 땅에 주저앉아 그 자리에서 일어나질 못하는 것이었다. 소는 그렇게 며칠을 시름시름 앓다가 숨을 거두고 말았다. 스님과 신도들은 슬픔과 아쉬움 속에 정성을 다해 장례를 치르고 소를 위해 천도제까지 올려줬다. 또한, 소가 누워 못 일어난 자리에 소의 공을 기리는 돌탑을 세워놓았다. 갑사 대웅전 앞으로 계곡물이 흐르는 그 건너편 대적전 향하는 길목에 서 있는 공우탑(功牛塔)이 바로 그것이다.

이야기가 이쯤 되면 머릿속으로 떠오르는 장면이 하나 있을 것이다. 이충렬 감독의 영화 '워낭소리'다. '소의 해'라고 정한 2009년 1월 개봉되어 그 해 봄까지 단숨에 3백만 관객이라는 놀라운 기록을 세우며 많은 이들의 가슴을 울려준 그 영화다. 영화는 죽은 소의 넋을 천도하기 위해 절탑을 찾은 소 주인 최노인 부부를 비추면서 시작한다. 그 소는 평균 수명의 두 배가 넘는 사십 년의 세월을 최노인과 함께 살았다. 소는 최노인에게는 그냥 소가 아니었다. 인생의 동행이자 오랜 친구였고 생활을 나눠 가진 식구 같은 존재였다.

어느 날 소가 "퍽"하고 주저앉더니만 그것으로 그만 자리에서 일어나지 못했다. 읍내 수의사로부터 "길어야 1년"이라는 통보를 받고 몇 달이 지나지 않은 시점이었다. 최노인은 연신 소를 일으켜 세우려고 안간힘을 썼다. 할머니도 근처 사과밭으로 달려가 사과 몇 알을 얻어 와서 소 앞에 내밀었다. 소는 그러나 그렇게 좋아하는 사과도 마다하며 자꾸 그릇을 엎어버리는 것이었다. 수의사가 다시 왔다 가고, 그리고 며칠 뒤 소는 마지막 고개를 떨궜다. 두 번이나 뿔이 부러졌고 그때마다 다시 돋아났다고 하는 영물. 평생을 주인 곁에서 힘들게 일만 하다가 마침내 생을 마치는 순간이었다.

'워낭소리'의 마지막은 소를 묻는 장면이다. 코뚜레를 빼주고 멍에를 풀고 워낭을 떼어낸 최노인이 숨이 끊어진 소에게 다가가 막걸리를 부어주었다. 그런 다음 밭두둑 한쪽에 자리를 잡고 둥그스름하게 솟아오르는 소 무덤을 바라보고 있었다. 바라보는 최노인의 한쪽 손에는 워낭이 들려 있었다. "좋은 데 가그래이. 좋은 데 가그래이……." 공우탑의 소가 성자(聖者)였다면 '워낭소리'의 소는 가족이었다. 같이 먹고 같이 자고 같이 다니고 같이 일하는 식구 같은 존재였다.

구제역이 창궐하여 국가재난을 선포하기에 이르렀다. 수만 마리 수십만 마리 소와 돼지들의 살처분이 계속되고 있다. 그런데도 역병은 좀처럼 수그러들지 않는다. 일하는 소가 아니라 식용소라고는 하지만 주사 한 방에 퍽퍽 쓰러지고 수십 수백 마리가 한 구덩이에 묻히는 장면이 눈물겹다. 상품으로 존재한다는 사실이 죄가 되는 것인가? 한때는 성자였고 또 한때는 식구였던 소의 운명이 오욕의 구렁텅이 속으로 무참하게 떨어지고 있다. 지금이 어떤 시대인데 이 무슨 곡절의 홀로코스트(Holocaust)라는 말인가?

(2011)

거타지의 후예들

2학년 전공과목 시간에 '삼국유사'를 함께 읽기 시작한 것은 처음부터 계획된 일이 아니었다. 읽기와 감상 위주로 진행되는 강좌의 성격상 학생들에게는 되도록 많은 작품과 내용들을 접하도록 해주는 것이 바람직한 일이다. 한데 '삼국유사'는 내가 가르치고 또 그 내용을 학생들이 받아들이기에는 여전히 어려운 책이었다. 그래서 지금껏 미루어 둔 텍스트였다. 강의 교재로 따로 정해둔 책이 절판되었다는 서점 주인의 말을 듣고 "에라 그렇다면" 하고 시작한 것이 '삼국유사' 강독이었다. 그 책은 이를테면 궁여지책의 책이었다.

'삼국유사' 기이편이 끝나가던 며칠 전이었다. 우리가 읽은 부분에는 '거타지 이야기'도 들어 있었다. 양패(良貝)가 사신으로 중국에 가게 되었다. 그때 해적이 바닷길을 막는 바람에 활 쏘는 군사 오십 명을 데리고 갔다. 배가 곡도(鵠島)에 닿자 풍랑이 일어나 예정에도 없는 열흘을 묶게 되었다. 양패가 점을 쳐보니 연못에 제사를 올려야 한다는 점괘가 나왔다. 서둘러 제사를 올린 그날 밤 양패의 꿈에 한 노인이 나타났다. 활을 잘 쏘는 사람 하나를 남겨 두라고……, 그러면 순풍을 맞을 것이라고 했다. 그래서 남게 된 군사가 거타지(居陀知)였다. 각자 이름을 적은 목간을 만들어 물에 던졌더니 거타지 목간이 가라앉았던 것이다. 다음날 아침이 되자 풍랑이 잦아지고 순풍이 불기 시작했다. 일행을 태운 배는 바로 중국으로 떠나갔다.

혼자 남은 거타지에게 다시 그 노인이 나타나서 부탁을 했다. 해가 뜰 무렵이면 중이 찾아와 사람을 몽땅 잡아먹는 바람에 자기 부부와 딸 하나만 남았다고 하며……, 내일 아침이면 또 찾아올 것이니 활로 쏴서 처치해달라고 했다. 노인은 서해의 신이었다. 이튿날 아침이 되자 과연 중이 찾아왔다. 주문을 외우며 중이 다가와 노인의 간을 꺼내려 할 즈음 거타지가 화살을 날려 중을 꺼꾸러뜨렸다. 그런데 땅에 떨어진 것을 보니 늙은 여우였다. 노인은 거듭 치하를 하고는 자신의 딸을 꽃으로 바꿔 거타지의 품속에 넣어주었다. 그리고 용 두 마리를 불러내 거타지를 태우고 중국으로 보내주었다. 거타지가 쌍룡의 호위를 받으며 육지에 닿자 중국 사람들이 그 광경을 보고는 크게 환대를 해주었다. 거타지가 품안에 있는 꽃가지를 꺼내들자 꽃이 여자로 변했다. 둘은 귀국하여 부부가 되어 잘 살았다.

읽기를 마치고 나서 곡도는 지금의 백령도 어디쯤일 것이라고 한 마디를 거들어주었다. 그러자 몇몇 학생들이 “아아” 하는 탄성을 질렀다. 예상보다는 빠른 반응이었다. 옛것을 그냥 옛것으로 바라보아서는 안 된다, 옛날 작품을 지금 내 주변의 이야기로 바꿔볼 줄 알아야 한다는 등의 평소 주문이 받아들여진 것이다. 그렇다면 거타지는 누군가? 지금 거타지는 누굴까? 서해의 신이라는 노인은 누군가? 지금 그 노인은 누굴까? 무엇보다 궁금한 것이, 그렇다면 중의 탈을 쓴 늙은 여우는 무엇인가? 또 지금은 무엇일까? 거듭되는 질문에 수업의 분위기가 차츰차츰 가라앉았다.

학생들이 낸 방위성금으로 해군이 쾌속정 한 척을 만든 적이 있었다. 그 배의 진수식 행사가 부산에서 있었는데 어떻게 내가 그 행사에 참석했는지는 기억이 확실치 않다. 오래 전 중학교 2학년 때의 일이다. 하지만 그때 본 몇 가지 장면은 아직도 또렷하게 기억해낼 수 있다. 행사를 마친 뒤 구축함에 승선할 기회가 있었다. 이름을 '부산함'으로 알고 있는 그 배는 쾌속정보다는 훨씬 규모가 큰 함정이었다. 내부가 협소하여 통로는 사람 하나 겨우 지나갈 정도였고 낡기도 많이 낡아 덧칠한 곳이 한두 군데가 아니었다. 반면에 수병은 아주 산뜻한 모습들을 하고 있었다. 하얀색 캡을 쓰고 네이비블루 상의를 받쳐 입은 그들은 태극기 휘날리는 갑판 위에서 한 줄로 빙 둘러 정연하게 도열해 있었다.

부하들을 찾아 차가운 바다로 뛰어들었다가 산화한 한주호 준위, 그리고 장병들의 시신을 거두다가 연락이 두절된 금양호 선원들, 그들의 행방이 그때 본 그 구축함과 겹쳐져 눈앞에 어른거린다. 서해바다에 살았다는 늙은 여우의 조화는 아닐까? 허리가 잘린 천안함이 바지선에 실려 오는 장면을 보고는 그런 생각까지 들었다. 쌍룡의 호위가 있었다던데 그것이 이것인가? 그렇다면 자신의 이름을 바다에 가라앉힌 마흔여섯 명 장병들은 거타지의 후예가 아닌가? 남아 있는 우리들의 몫은 그러면 여우의 정체를 밝혀내는 일……?

국화꽃 하나 손에 들고 영정으로 다가가 올려놓는다. 그 또한 거타지가 가슴 속에 품고 있었다는 바로 그 꽃가지인가?

(2010)

처지의 차이 관점의 차이

"태산이 높다 하되"로 시작하는 고시조가 있다. 태산은 중국에 있는 산이다. 높이로 따지자면 우리나라의 한라산이나 덕유산보다 높지 않다. 하지만 평원에 우뚝 솟은 바위산인 까닭에 예로부터 태산이라는 칭호를 누리게 되었을 것이다. 그래서 역대 중국에서는 황제를 자처한 자들이 태산에 올랐다고 한다. 하늘을 향해 서서 자신의 존재를 알리는 봉선(封禪) 의식을 거행한 것이다. 진나라 시황제(始皇帝)도 태산에 올랐고 한나라 무제(武帝)도 태산에 올랐다. 그런가 하면 모모 하는 우리네 인사들도 태산을 올랐다는 소문이 있다. 한때 대통령을 꿈꿨던 사람들일 것이다.

이 시조 태산가 속의 태산이 꼭 중국에 있는 태산이어야 할 필요는 없다. 높고 큰 산을 일컫는 보통명사의 의미로 보아도 문제될 것이 없다. 시조를 지은 양사언(楊士彦)이 산천유람을 즐겨했고 특히 회양군수 시절에는 인근에 있는 금강산을 찾아 여러 번 올랐다고 하는데, 그 점으로 본다면 금강산과 같은 큰 산을 두고 태산이라는 표현을 했을 수도 있다. 몇 해 전 금강산 여행길에서 떠오른 이런저런 생각들이다.

명필로도 유명했던 만큼 금강산 만폭동에는 양사언이 쓴 글씨 '봉래풍악원화동천(蓬萊楓岳元化洞天)'이 있다. 그것을 직접 가서 보지는 못했지만 금강산 구룡연 계곡의 너럭바위 위에도 눈이 어지러울 정도로 많은 글자들이 새겨져 있었다. 사람들이 자신의 흔적을 남기고자 하는 욕구는 예나 지금이나 다르지 않은 것 같다. 바위의 글자들을 짚어보면서 글씨를 쓴 사람과 함께 그 글씨를 새긴 사람도 생각을 해보았다.

그때 내린 잠정적인 결론은 이러한 것이었다. "태산이 높다 하되……" 하는 시조를 읊을 때 양사언은 가마를 타고 있었을지도 모르겠다는 생각이다. 가마꾼의 숨이 턱밑까지 차올라 좀처럼 앞으로 나아가지 못하는 상황에서 일반적인 훈계의 내용에다가 자신의 푸념을 슬쩍 섞어 남 이야기하듯 했을 수도 있겠다는 생각이다. 가마꾼 뒤로는 무거운 연장을 짊어진 석각(石刻) 기술자들이 거친 숨을 몰아쉬며 따라가고 있었을 것이다.

과연 그러했을 것이다. 옛 선인들은 삼삼오오 무리를 지어 산을 찾아 나서기를 즐겨했다. 동접이나 사제 혹은 가까운 벗들과 어우러져 산을 오르며 우의를 다졌던 것이다. 남명 조식(曺植)이 지리산을 오른 일, 퇴계 이황(李滉)이 청량산을 찾은 일 등은 관련 기록이 남아 있어 잘 알려져 있거니와 여기서 가까운 계룡산만 해도 서너 편의 유산기(遊山記)가 현재 전해지고 있다. 그런데 그와 같은 자료들을 읽어보면 거기 등장하는 사대부들치고 저 혼자 제 발로 걸어서 산을 오른 사람은 하나도 없었다. 가마나 말, 나귀 등속을 타거나 그것도 안 되면 남의 등짝에라도 업혀서 산을 올랐으니 남아 있는 자료들이 그 점을 확인시켜준다.

중국 여행길에서도 그 사실을 확인할 수 있었다. 장가계 금편계곡에 나 있는 십리화랑에서 한 무리의 가마꾼들을 목격했다. 태산에 올랐을 때는 직접 보지 못했지만, 1920년대 쯤 태산에도 가마꾼들이 있었다는 사진자료를 인터넷에서 확인할 수 있었다. 많은 것을 기계가 대신하는 요즘도 가마꾼이 있으니 시황제나 한무제 같은 이들이 제 발로 걸어서 태산을 올랐을 리는 만무하다. 태산이 되었든 금강산이 되었든 귀하신 분들은 모두가 가마와 같은 탈것의 도움을 받아 산을 올랐던 것이다.

생각이 여기까지 미치자 이 시조의 목소리가 사뭇 다르게 들려온다. 가마꾼들이 땀을 뻘뻘 흘리며 가마를 메고 산을 오르고 있다. 그런데 "쯧쯧쯧쯧" 하는 귀하신 분의 투정 섞인 소리가 가마 위에서 들려온다. 오르고 또 오른다면 태산이 아니라 그 너머 저 위에 있는 하늘까지도 오를 수 있겠지만, 그러나 지금 당장은 자꾸만 무릎이 접혀지고 목이 휘어지는 이 몸을 어쩌란 말인가? 힘이 빠진데다가 맥까지 탁 풀린 가마꾼들은 남은 걸음을 더는 떼기가 어려웠을 것이다.

처지나 관점에 따라 대상은 달리 보인다. 말도 달리 들리는 법이다. 세종시 문제도 마찬가지이다. 무수한 논란의 말꼬리들을 쫓아가다 보면 그 끝에는 제각기 다른 처지와 다른 관점들이 주렁주렁 매달려 나온다. 그런데 문제는 그렇게 많고 많은 처지와 관점들 가운데 정작 중요한 한 가지가 보이지 않는다는 점이다. 좋은 뜻으로 나라의 정책을 수용하여 순순히 고향을 내놓은 원주민들의 처지와 관점, 바로 그것이다. (2010)

계룡산에 해탈문이 있었다는데

"나는 어머님과 고모부와 함께 백정자에서 내렸다. 나의 짐은, 비가 올 것만 같아서, 내일 큰형님이 가지고 오기로 되어 있다. 그래서 가방 두 개뿐이었다. 절에서 온 부목에게 가방 두 개를 지게에 지워 먼저 보내고, 우리는 양산 세 개만 가지고 동학사로 향하였다. 계룡산은 비가 오는지 어쩐지 구름과 안개에 뒤덮여 있었다. 아니나 다를까. 천연 바위로 된 해탈문으로 들어서서 고염나무 거리에 이르렀을 때였다. 비가 어찌나 세차게 쏟아지는지, 양산도 별로 도움이 되지 않았다."

'열국지(列國志)'의 명 번역으로 널리 알려진 김구용(金丘庸) 선생이 생애 사십여 년을 썼다는 '구용일기'를 읽다가 찾아낸 대목이다. 구용의 나이 열아홉 살이던 1940년 7월 1일자 기록이다. 일제 말 험한 시절을 당하여 징병을 피하고자 피난처로 삼은 곳이 계룡산 동학사(東鶴寺)였다. 당시 공주에 살고 있던 구용은 지금의 박정자 삼거리까지 차를 타고 와서 내린 뒤 걸어서 학봉리 마을을 지나 절로 들어간 것으로 되어 있다. 박정자 삼거리를 '백정자'로 부르는 것도 이채롭지만 더욱 눈길을 끌어당기는 것은 '해탈문', 그것도 "천연 바위로 된 해탈문"의 존재가 아닐까 싶다. 주말이 되면 대전 시민들이 수도 없이 동학사를 다녀가지만 해탈문이라고 할 만한 천연의 바위덩어리를 본 사람은 아마 없을 것이다. 나도 전혀 모르고 있었다. 다시 '구용일기'로 돌아가 보자.

구용은 '해탈문'이라는 어휘 뒤에 괄호를 두른 다음 이렇게 해설을 달아놓았다. "그 해탈문은 자유당 집권 당시 이승만 대통령이 온대서 자동차 통로를 넓힌답시고 폭파해버렸다고 한다. 그래서 지금은 없다." 일기의 내용대로라면 매표소를 지나 일주문 부근이거나 아니면 불교회관이 들어선 자리, 더 올라가면 문수암이나 미타암 입구 어디쯤에 바위로 된 그럴 듯한 석문 하나가 떡하니 버티고 서서 계룡산의 산격(山格)과 동학사의 사격(寺格)을 동시에 높여주고 있었던 것이다. 그런데 그것을 대통령을 태운 차가 통과할 수 없다는 이유로 없애버렸다고 하니 그 좋은 산문(山門) 하나가 영영 우리들 곁을 떠나가 버리고 만 것이다. 천연유산을 제 발로 차버린 지난 시절의 야만스러움에 혀를 끌끌 찰 따름이다.

진잠에서 수통골까지 산장산과 빈계산 능선으로 이어진다는 말을 듣고 가벼운 차림으로 산행에 나섰다. 산장산 입구에서 팻말이 일러주는 대로 조금 오르는가 싶었는데 바로 능선으로 올라붙었다. 발밑으로는 호남고속도로가 지나가고 있어 차량의 소음이 귓전을 귀찮게 했다. 진잠 일대의 너른 들판 또한 난개발 때문에 눈시울이 어수선했다. 능선 반대쪽은 성북동 골짜기였다. 짐작한 바대로 조용했다. 가까이로는 절집 지붕의 기왓골과 환한 앞마당이 보였고 먼 쪽으로는 낮은 구릉에 점점이 모여 있는 자연취락들이 눈에 들어왔다. 한 폭의 그림이었다. 그만큼 자연이 보존된 청정지역이라는 뜻이다. 그런데 그런 곳에 지금 시 정부는 골프장을 짓겠다고 안달을 떨고 있다.

대전은 광역시인데도 상당 부분 자연이 살아 있는 곳이다. 출퇴근길이 길어져도 하상도로를 고집하는 것은 봄과 가을의 유채꽃과 억새풀, 여름과 겨울의 백로와 청둥오리, 그리고 산책을 하는 노인과 자전거를 타는 젊은이를 볼 수 있기 때문이다. 뿌리공원을 찾을 때면 "여기 어딘가에 수달이 있을 텐데" 하며 두리번거리고, 봉소루 옆을 지날 때면 나무에 의젓이 앉아 있는 솔부엉이를 떠올릴 수 있는 곳이 대전이다. 성북동 또한 마찬가지이다. 호수가 있고 산성이 있고 휴양림이 있고, 게다가 옛날 이름 '잣디[城北]'까지 고스란히 간직하고 있는 곳이 성북동이다. 그런데 그 모든 걸 다 집어던지고 기어코 개발을 해야 하는 것인지 묻고 싶다.

선조들이 우리에게 물려준 자연인만큼 우리도 후손에게 물려주는 것이 당연하다. 한 세대 두 세대가 흐른 뒤 "야만" 운운하며 혀를 차는 후손이 생겨서는 안 될 것이다. 그 뻔한 일을 가지고 시정을 꾸린다는 사람들이 설왕설래를 이어가고 있으니 답답한 노릇이 아닐 수 없다. 이 사람들을 어떻게 하여야 할 것인가? 도서관으로 데리고 가서 '구용일기'를 읽으라고 하는 것이 빠를까? 아니면 동학사 계곡으로 몰고 가서 해탈문의 흔적을 찾아보라고 하는 것이 빠를까? 답답한 노릇이다.

(2007)

환상의 눈꽃열차

지난 달, 친목 모임 총무로부터 연락이 왔다. 하루를 빼내어 태백산 눈꽃축제를 다녀오자는 제안이었다. 그것도 철도여행이란다. "글쎄, 글쎄" 하는 아내의 반응을 귓등으로 듣고 두 자리를 예약했다. 허물없는 친구들 모임이라 부담스러울 것도 없었다. 더군다나 철도여행이라고 하지 않는가? 몇 해 전 겨울, 도시락에 보온병까지 챙겨 아이들과 함께했던 정동진행 열차의 추억이 떠올랐다.

오전 7시 20분, 이른 시각임에도 대합실에는 제법이나 사람들이 들어차 있었다. 단출한 한나절 나들이 정도로 예상을 하고 쉽게 나선 걸음이었는데 주위 풍경은 벌써부터 그게 아니었다. 가족 단위보다는 월등하게 단체 여행객들이 많았고 그런 팀일수록 사람 숫자보다 더 많은 짐 꾸러미들이 종종걸음을 준비하고 있었다.

하기야 우리 팀도 다른 사람들 눈에는 또 그렇게 보였을 것이다. 여섯 가족에 도합 열여섯 명으로 적지 않은 구성이었고, 게다가 총무를 맡은 친구, 정확히는 친구의 부인이 떡, 과자,

음료, 주류, 김밥 등등해서 보따리가 사람 수에 육박할 정도로 풍성하게 준비를 해왔던 것이다.

이윽고 개표를 하고 한바탕 소란을 치른 끝에 각자 자기 자리를 찾아 앉자 느릿느릿 열차가 움직이기 시작했다. 멀어지는 바깥 풍경을 대하다가 부족한 새벽잠을 채우기 위해 막 눈을 감으려는 순간, 그런데 그 순간, 천둥번개가 내려치듯 요란한 소리가 머리 위로부터 터져 나왔다. 깜짝 놀라 옆에 앉은 아내의 손을 잡고 주위를 둘러보고 또 탐문해보니, 아뿔싸! 내가 앉은 자리가 앰프 칸이라는 것이었다.

그날 나는 환상의 눈꽃열차 앰프 칸에 갇힌 채 새벽부터 밤늦게까지 장장 열다섯 시간을 시달려야 했다. 천장에 매달린 스피커에서는 메들리 트로트 가요가 쉴 새 없이 울려대고, 음악에 맞춰 온몸을 흔들어대는 인파 속에서 정신줄을 놓치지 않으려고 무던히 노력을 기울여야 했다. 왜 앰프 칸을 신청했느냐는 친구들의 뒤늦은 힐난에 모차르트 음악이 흐르는 줄 알았다나 뭐라나…… 총무는 능치는 말로 대답을 대신하는 것이었다.

그런데 그건 그렇고, 사람들을 관찰하는 재미가 이렇게도 쏠쏠할 줄이야. 쉴 새 없이 통로를 왕래하며 춤추는 '썬파워', 노래를 불렀다 하면 2절까지 꼭꼭 채우는 '더블맨', 통로 진출은 사양하고 제 자리에 서서 미친 듯이 몸을 흔드는 '눈썹 문신', 연신 소주잔을 기울이며 여기저기 추파를 날리는 '붉은 티' 등등. 내 또래 남짓한 중년들이 엮어내는 앰프 칸의 분위기가 어느 순간부터 비상한 재미를 돋우기 시작했다.

재미를 느끼게 되자 이상한 것은 오히려 내 쪽이 되어버렸다. 광란의 분위기에서 대한민국의 역동성을 찾아냈다고나 할까? 대책 없이 늙어가는 중년들이지만 그래도 변함없는 그들의 기고만장을 확인했다고나 할까? 논산시내 중앙시장 번영회라는 그 모임은 한 해를 벼른 끝에 오늘로 날을 잡아 연례행차에 나선 사람들이었다. 그 점에서 나와는 달랐다. 그들은 이를테면 삶의 치열한 흐름 위에서 그 시각 확실하게 마디 하나를 긋고 있는 사람들이었다. 정월 대보름의 흥성거림이 한 해 농사의 첫 디딤과 맞물리는 것처럼.

(2006)

스너피와 옹고집

강아지 이름은 스너피(Snuppy). 지난 4월 서울대학교 동물병원에서 제왕절개수술을 거쳐 세상에 나왔다. 세계 최초의 복제개로 미래학자 앨빈 토플러(Alvin Toffler)가 직접 찾아와 대부(代父)를 자청하기도 한 스너피가 최근에는 미국 시사주간지 '타임(Time)'으로부터 2005년 올해의 가장 놀라운 발명품으로 선정되어 다시금 유명세를 타고 있다. 탄생의 주역인 황우석 교수 또한 올 한 해를 거치는 동안 세계적인 과학자로 급부상하였다.

황우석 교수가 어느 자리에선가 영장류의 복제는 불가능할 것이라는 말을 했다. 일종의 원죄처럼 붙어 있는 윤리적인 문제를 염두에 두고 무분별한 인간복제에 대한 논란의 가능성을 앞서서 차단하려는 발언으로 풀이된다. 그러나 우리 선인들이 펼친 상상의 영역에서는 이미 오래 전부터 인간복제가 실현되었고 또 복제인간이 돌아다녔다. 그 대표적인 인물로 소설 '옹고집전(壅固執傳)'의 주인공 옹고집을 소개해도 될 듯싶다.

옹고집은 하도 성질이 고약하고 고집이 세서 주변 사람들은 말할 것도 없고 심지어 식구들에게도 패륜과 악행을 일삼는 반사회적 반인륜적 인물이었다. 보다 못한 도승이 옹고집을 징치하고자 허수아비에 부적을 붙여 가짜 옹고집을 만들어냈다. 복제인간이 탄생한 것이다. 이 가짜 옹고집이 진짜 옹고집을 만나 서로 진짜라고 다투는 것으로 이야기가 전개되는 소설이 '옹고집전'이다.

진짜 옹고집의 입장에서는 귀신이 곡할 일들이 꼬리에 꼬리를 물고 벌어진다. 하인이 나서고 자식이 나서고 급기야 아내까지 나서서 진짜와 가짜를 구별해보는데, 어찌나 똑같이 생겼는지 진짜를 찾아낼 수가 없는 것이다. 결국 관가에 올라가 원님에게 부탁을 하자 이번에는 원님이 나서서 진짜보다 더 진짜같은 가짜의 손을 들어주었다. 결정적 실수를 저지른 것이다. 진짜 옹고집은 거짓말을 남발하고 사회 혼란을 야기한 죄목으로 곤장 삼십 대를 맞고 쫓겨났다. 집에서도 쫓겨났다.

감쪽같이 옹고집의 집을 차지한 가짜는 아내와 가산을 거느리고 자식까지 낳으면서 가장의 행세를 마음껏 펼친다. 집에서 쫓겨난 진짜는 온갖 고생을 하며 지난날 자신의 행실을 뉘우친다. 하지만 어찌할 도리가 없자 마침내 독한 마음을 먹고 산으로 들어가 죽을 결심을 하기에 이른다. 그런데 그 순간 진짜 옹고집 앞에 도승이 나타났다. 도승은 옹고집의 손에 부적을 쥐어주며 이걸 갖고 집으로 돌아가면 좋은 일이 있을 것이라고 했다. 옹고집이 백배 사례한 후 부적을 들고 집으로 들어갔다.

집에 들어간 옹고집이 쥐고 있던 부적을 던지는 순간 가짜 옹고집이 허수아비로 변해 폭삭 주저앉았다. 가짜 옹고집이 생산한 자식들도 다 제 아비를 따라 허수아비로 변했다. 그렇게 해서 진짜 옹고집은 다시 아내를 찾고 집안을 되찾았다. 아내를 만난 옹고집이 이렇게 면박을 준다. "마누라, 그 사이 허수아비 자식을 저렇듯이 무수히 낳았으니 그놈과 한가지로 얼마나 좋았을꼬? 한 상에서 밥도 먹었는가?"

스너피의 탄생과 또 앞으로 전개될 줄기세포의 새로운 연구 성과를 바탕으로 복제기술이 인류의 질병 치료에 새 장을 열기를 기대해본다. 가짜 옹고집은 결과적으로 진짜 옹고집을 치료해줌으로써 악인을 선인으로 바꿔놓았다. 그러나 '타임'지와는 달리 과학잡지 '네이처(Nature)'는 여전히 유보적인 태도를 취하는 입장이다. 황우석 교수의 줄기세포 연구를 난자 제공 방식을 둘러싼 윤리적인 문제로 몰아가고 있는 것이다. 줄기세포 연구의 미래가 어떻게 될 것인지 귀추가 주목되는 대목이다.

(2005)

고향무정

그 시절에는 버스도 하루 서너 차례밖에는 다니지 않았다. 근 한 시간이나 서둘러 정거장에 나가도 손님들을 꽝꽝 태운 버스는 그냥 지나가기가 일쑤였다. 어쩌다가 서 주는 기사 아저씨를 만나도 차는 이미 발을 디디고 오를 수 없을 만큼 만원이었다. 요령 좋은 버스기사는 급출발을 한 번씩 해가며 승객들을 버스 안으로 밀어 넣었다. 서 있는 승객들이 안쪽으로 쏠린 틈을 놓치지 않고 파고들어가야 겨우 참았던 숨을 내쉴 수 있었다. 그렇게 고향길은 늘 고행길이었다.

매연과 함께 온갖 냄새에 버무려진 버스 안에서 이리 구르고 저리 구르고 한참을 그렇게 하다 보면 종점이 가까워지고, 그때쯤이면 몸이 반쯤은 나른해진다. 차에서 내려 상큼한 시골 내음이 코끝으로 들어오면 그때부터 다시 건구역질이 시작되었다. 신작로를 걸어 산모롱이를 돌고 들꽃을 꺾어 손에 쥐고 개울을 따라 내려가면 이번에는 휘청거리는 섶다리가 나왔다. 그 건너로 고구마밭, 그 너머로 소나무길, 또 그 옆으로 할머니집, 탱자나무 울타리가 눈에 들어오면 그때가 되어서야 고향길은 끝이 났다.

탱자나무 열매가 노랗게 익을 때쯤 툇마루 끝에는 살짝 가을햇살이 걸치고 바깥마당에서는 장정들의 도리깨질이 한창이었다. 고추를 널어놓은 널따란 멍석 사이로 우리는 송편을 입에 물고 술래잡기라도 했을 것이다. 장대를 휘저어 감을 떨어뜨리고 풋밤을 발라가며 나눠먹기도 했을 것이다. 그것도 시들해지면 부엌 벽에 걸린 체를 들고 나가 마을 앞을 흐르는 개울을 찾았을 것이다. 여울을 오르내리며 버들가지 늘어선 물가를 후정거리다가 모래무지 몇 마리쯤은 건져 올렸을 것이다.

그러한 고향이었건만 이제 나에게 그러한 고향은 없다. 사람이 고향을 떠나는 줄로만 알고 있었는데 고향이 사람을 떠나기도 하는 것이다. 나는 이 기막힌 사실을 내 고향 마을이 없어지고 난 뒤에야 알게 되었다. 명절이나 돌아오면 간신히 얼굴을 내밀던 고향 마을이 이처럼 하루아침에 사라질 줄은 짐작도 하지 못한 일이었다. 도시계획에 잡혀 수용이 되고, 보상을 받고, 뿔뿔이 흩어지고, 땅이 파헤쳐지고, 길이 닦이고, 건물이 들어서고……. 어느 순간 고향은 떠나고 나는 실향민이 되어 있었다.

실향민이 되어버린 지금 갈수록 선명하게 떠오르는 고향의 풍경 하나가 있다. 해가 뉘엿뉘엿 떨어지면 멀리 있는 산이 검은빛을 띠고 성큼 앞으로 다가왔다. 그러면 문득 무섬증이 일어나 가까이 있는 어른부터 찾게 된다. 어린 마음에 무섭기도 했을 것이다. 방학이라고 할머니집을 찾았으니 땅거미 내려앉고 사위가 졸아드는 적적한 분위기를 저 혼자 감당할 수 있었겠는가? 그러면 나는 라디오를 찾아 무서움을 밀어내곤 했다.

제 몸의 몇 배나 되는 배터리를 짊어지고 고무줄로 칭칭 감아 놓은 트랜지스터 라디오였다. 큰삼촌이 끼고 살던 라디오에서 그 당시 자주 나오던 노래가 있었다. 오기택의 '고향무정'이다.

그러고 보니 나의 타향살이에 대한 추체험은 그때부터였지 싶다. 오갈 데 없는 타관살이에 시달릴 대로 시달린 한 나그네의 고향에 대한 그리움이 굵고 낮은 남자 가수의 목소리를 타고 들려올 때 어떤 슬픔의 감정 비슷한 것을 느꼈는지도 모를 일이다. 기름진 문전옥답이 잡초에 묻혀 있다는 노래의 마지막 구절은 특히 인상적인 것이었다. 물론 내 고향 마을은 지금 잡초가 아니라 아파트와 쇼핑센터에 묻혀 있지만 말이다.

이제는 이 세상에 없는 고향 마을에 대한 그리움이 갈수록 깊어진다. 추석이 되면 다시금 꿈틀거리는 고향에 대한 그리움은 이번 명절에도 예외가 아닌 것 같다. 고향에 대한 기억이 띄엄띄엄한 나까지도 이 정도인데 신행정수도로 점을 찍힌 이웃동네 주민들의 눈물이야 오죽하겠는가? 올해가 고향에서 보내는 마지막 추석이라고 하는데 연세 많으신 노인들의 심사는 또 얼마나 복잡하겠는가? 그것이 꼭 보상액의 많고 적음 때문만은 아닐 것이다.

(2004)

국립공원 할 말 있다

지척에 계룡산이 있다는 것은 대전 시민들이 누리는 크나큰 복이 아닐 수 없다. 시내버스를 타고 가면 삼십 분 거리이고 승용차로는 이웃동네 가듯 갈 수 있는 계룡산이 있어 대전의 산하는 심심하지 않다. 유유히 금강이 흐르는 들판을 사방에 거느리고 돌올하게 솟아오른 그 바위산의 품새로 인하여 계룡산은 예로부터 명산의 칭호를 누려 왔다. 지리산에 이어 두 번째로 국립공원 지정을 받은 연유 또한 거기에 있는 것이다.

계룡산을 처음 들어가 본 것은 내 나이 열 살 무렵이었다. 어머니가 동학사 아래 한 암자를 다니기 시작하면서부터 방학이면 가끔씩 따라다녔던 것이다. 물론 그때는 시내버스도 닿지 않는 길이었다. 그래서 무던히도 고생을 했을 텐데 그 자세한 기억은 나지 않는다. 대신에 물고기를 잡겠다고 계곡물에 들어가 돌을 집어 던지다가 어느 젊고 고운 스님으로부터 조용히 한 말씀을 들었던 일은 지금도 선하게 기억이 난다.

어린 시절의 추억이 서려 있고 또 철마다 계속 새로운 추억거리를 만들어주는 계룡산을 두고서 딴 생각을 가지고 있는 것은 아니다. 주말에 달리 산행계획이 없으면 늦더라도 한 번은 밟아봐야 하는 산이거늘 무슨 불평이 있고 불만이 있겠는가? 다만 말이 나왔으니 말이지만 계룡산을 관리하는 국립공단 쪽 관계자 분들에게는 한 마디만큼 하고 가야겠다. 하루 이틀 생각이 아니기 때문이다.

국립공원 입장료가 3,200원으로 올랐어도 거기에 대한 불만은 없다. 그것이 어디로 들어가고 또 어떻게 쓰인다고 한들 나로서는 전혀 아깝지 않은 돈이다. 생각해 보라. 자연 그대로 보존된 자연, 더욱이 신령스런 계룡산의 품을 파고드는데 그 만한 비용이 문제이겠는가? 동학사는 또 어떠한 절인가? 수행하는 납자(衲子)들의 저 청정한 모습을 가까이 또 어디에서 마주칠 수 있으며, 저녁노을을 타고 흐르는 법고, 운판, 목어, 범종의 조화음을 어디서 또 들을 수 있겠는가?

문제는 역시 자동차다. 국립공원 계룡산의 산으로 향하는 길을 걷다가 이 무례한 침입자를 만났을 때 수행이 부족한 나 같은 인사는 치밀어 오르는 불평을 어찌하지 못한다. 생각해 보라. 산사(山寺)로 이어지는 호젓한 길 위에서 언제든 불쑥 괴물 같은 존재를 만나야 한다는 것, 때문에 항상 앞을 주시해야 하고 틈틈이 뒤를 확인해야 한다는 것, 거기에 염려의 끈 하나를 묶어둬야 한다는 바로 그 사실이 나를 화나게 하는 것이다. 왜 거기서조차 차를 피해야 하는가? 왜 차가 내뿜는 매연을 속수무책 들이마셔야 하는가 말이다.

산으로 들어갈 때는, 더욱이 그 길이 산문을 통과하여 절로 향하는 길이라면, 걸어서 가는 것이 옳다고 생각한다. 절이 들어선

이래 바랑을 짊어진 선지식들이 타박타박 걸어갔을 그 길을 우리도 당연히 걸어가야 한다고 생각한다. 또한 그 길은 걸어갈 수 있어야 한다고 생각한다. 오가는 차량에 마음 쓰지 않고 산을 대하고 절을 향하는 그 마음 하나만 붙들고 편안하게 걸어갈 수 있어야 한다고 생각한다. 적어도 입장료에 표시된 자유만큼은 그 길을 찾는 모든 이들에게 허용되어야 한다고 생각한다.

환경에 대한 관심도 높아졌고 자연의 소중함도 다들 느끼고 있다. 웰빙(well-being)의 바람을 타고 산을 즐기는 수준도 한 단계 높아졌다. 국립공원 관리공단 역시 여러 가지 제도적 장치를 마련하고 구석구석 열심히 관리하는 것으로 알고 있다. 폭설에 나무가 쓰러져도 치우지 않고 그대로 보존하는 것이 요사이 국립공원의 관리 수준이라고 들었다. 그 같은 마음 씀씀이에 깊이 감명을 받은 바 있거니와 차제에 입장료를 징수하는 그 안쪽으로는 차량 통행에 제한을 두었으면 싶다. 해묵은 그 문제를 해소하지 않고서는 "자연 그대로의 보존"을 내세우는 관리공단의 진정성 또한 인정받기 어렵다고 생각한다.

"화란춘성하고 만화방창이라. 때 좋다 벗님네야 산천경개를 구경을 가세. 죽장망혜 단표자로 천리강산을 들어를 가니 만산홍록들은 일 년 일 도 다시 피어 춘색을 자랑노라 색색이 붉었는데, 창송취죽은 창창울울하고 기화요초 난만 중에 꽃 속에 잠든 나비 자취 없이 날아든다." '유산가(遊山歌)' 한 구절을 흥얼거리면서 마음 편하게 산길을 걸어보고 싶다. 옛사람들은 산에 대한 외경으로 '등산(登山)'이라는 말도 잘 쓰지 않았다고 한다.

(2004)

이국종 강아지

둘째아이가 초등학교에 입학했을 때 친구 삼으라고 강아지를 한 마리 구해다 주었다. 태어난 지 얼마 안 되는 말티즈 종 강아지는 반짝이는 흰 털과 새까만 눈동자 그리고 반들거리는 들창코로 아주 앙증맞은 표정을 하고 있었다. 강아지가 집에 들어오던 날 아이들이 내지른 환성과 귀여워 어쩔 줄 몰라 하던 표정은 상상에 맡겨도 될 듯싶다. 둘째아이의 제안으로 강아지의 이름은 즉석에서 흰돌이가 되었다.

그런데 흰돌이 이 녀석이 갈수록 태산이었다. 용변만큼은 가려야 되겠기에 화장실을 들락거리며 열심히 훈련을 시켰다. 그랬건만 도무지 교육의 효과가 나타나지 않았다. 밖에서 들어오면 먼저 창문을 열고 사방 천지에 널려 있는 용변의 흔적을 치우는 것부터 일이었다. 게다가 한나절 내내 혼자 지내다 보니 스트레스 때문인지 어느 날부터는 벽을 긁어대는 것이었다. 안고 어르고 데리고 노는 건 잠시뿐 조금만 거리를 두고 바라보면 영락없는 골치 덩어리였다. 그렇지만 아이들의 성화에 아내나 나나 다른 마음을 품을 수가 없었다.

그러구러 보낸 것이 여섯 달, 급기야 흰돌이는 철망에 갇히는 신세가 되고 말았다. 어느 날 애견용품점에 들러 애완(愛玩) 뒤에 숨어 있는 애환(哀歡)에 대하여 상담을 요청했을 때 주인이 손으로 넌지시 일러준 것이 철망이었다. 처음에는 나도 그걸 농담으로 받아들였으나 흰돌이를 포기하지 않는 한 방법이 없는 것 같았다. 안쓰러워하기로 따지자면 아이나 어른이나 매한가지였다. 동거를 위해서라면 어쩔 수 없는 일이라는 것을 아이들이 먼저 알고 있었다.

아무리 예쁘게 꾸몄어도 철망은 철망이었다. 거실 구석 철망 안에 우두커니 앉아 있는 흰돌이를 보는 일이 시작되었다. 하루하루가 고역이고 비극이었다. 더 나은 주인을 찾아 흰돌이를 보내야겠다고 마음먹은 것은 그 당장이었다. 그러나 아이들을 설득하는 데까지는 두어 달의 시간이 더 필요했다. 그 뒤 흰돌이는 강아지를 아주 많이 귀여워해줄 것 같은 한 여학생의 품으로 넘어갔다. 가장 무서워하는 사람이 나였는데 그날 내 품에서 떨어지지 않으려고 발버둥을 치던 흰돌이의 모습이란……. "흰돌이가 어떻게 갔어요?" 묻고 또 묻는 아이들에게 그것까지 다 말해 줄 수는 없었다.

반년을 넘어 함께 산 흰돌이를 떠나보낸 후 우리가 느낀 상실감은 각자 정도가 달랐을 것이다. 하지만 내가 가진 상실감을 생각하면 둘째아이의 그것을 넉넉히 짐작할 수 있다. 초등학생을 아직 못 벗고 있는 그 아이는 다시 강아지를 키워보자며 느닷없는 투정을 부리고는 한다. 그러나 나는 내 애견(愛犬)의 수준을 바닥까지 확인했기에 흰돌이를 보내는 날 그 호사스러운 생각도 딸려 보냈다. 애완견을 키우는 사람이 부럽고 존경스럽다. 이제 나는 다시는 그 대열에 끼지 못할 것 같다.

그러나 사람의 생각이 바뀌기도 하는가 보다. 애견가에 대한 나의 부러움과 존경스러움이 자꾸 줄어들고 있다는 사실을 확인하게 된다. 그러면 짜증에 앞서 마음 한 구석이 쓸쓸해지기 시작한다. 개를 안고 빵집에 들어와 빵을 고르는 사람을 볼 때, 대형매장의 애견 보관소에서 개 짖는 소리가 진동할 때, 아파트 승강기 문이 열리며 송아지만한 개가 튀어 나올 때, 개 하나씩 품에 안고 지하철에서 소곤거리는 청춘들을 볼 때…….

산길에서 마주친 누구네 집 강아지가 내 다리를 타고 올라섰을 때, 약수터 바가지로 개에게 물을 먹이는 어느 이상한 영감을 봤을 때, 갑천 잔디밭을 산책할 때 발에 밟히는 온갖 개의 배설물 등등. 무엇이 애견인지 고개를 갸웃거리게 될 때가 가끔 있다. 그런 일이 일어나면 누런 황구(黃狗)부터 떠오른다. 누구는 가슴을 졸이며 이 여름 복더위를 보내는데 이국종 강아지들의 발발한 여름나기는 전혀 주변을 아랑곳하지 않는 것이다.

"오오 이국종(異國種) 강아지야, 내 발을 빨어다오 내 발을 빨어다오." 정지용의 시 '카페 프란스'에 나오는 한 구절이다. 1920년대 식민지 치하의 이 모더니스트는 외세에 완전히 포위된 조국의 절박한 현실을 그렇게 노래했다. 천승세의 소설 중에 '황구의 비명'이라는 작품도 있다. 그런데 최근에는 이런 소식도 들린다. 대구의 모 미군부대 영내에는 세계에서 가장 좋은 시설의 견공 전용 호텔이 문을 열었다는 것이다. 인터넷에서 방금 건져 올린 따끈따끈한 소식이다. (2004)

천상의 화원

이어령 교수가 1962년 어느 일간지에 한국문화의 코드 읽기를 연재했을 때 그의 글에 대한 일반 독자들의 관심과 성원이 대단했다는 소리를 들었다. 그때까지 우리 스스로도 미처 모르고 있던 우리 문화의 단면들이 젊고 유능한 문필가의 섬세하고 부지런한 눈에 포착되어 감각적인 문체 위에 옮겨지자 사람들이 신문가판대 앞에서 장사진을 쳤다고 한다. 지금과 견주어보면 꿈과 같은 일이 벌어진 것이다. 이듬해에 단행본이 출간되었는데 그 해에만 그 책이 삼십만 부 넘게 팔리는 깜짝 기록을 세웠다.

그 책 '흙 속에 저 바람 속에'를 처음 본 것이 고등학교 1학년 겨울방학이었다. '학원' 잡지를 뒤적거리던 시절이었으니 어쩌면 마음에 점찍어 둔 여학생이라도 생겨서 짝사랑 비슷한 열병을 앓고 있었는지도 모르겠다. 어쨌거나 우연찮게 그 책이 눈에 띄었고 다 읽은 후에는 그의 또 다른 책 '하나의 나뭇잎이 흔들릴 때'를 구해서 그것까지 읽었던 것으로 기억이 된다.

아쉽게도 그 이후 지금에 이르기까지 교수님께 배움을 청하거나 교수님을 따로 만날 기회는 가져보지 못했다. 그렇지만 신문이나 TV 화면을 통해 자주 뵈었고 책이 나올 때마다 구해서 읽었으니 그냥 낯선 분이라고 하기는 또 어려울 듯싶다. 순전히 교수님이 확보하고 있는 대중적인 인기와 인지도 때문이기는 하겠지만 나 또한 고등학생 시절 이래로 이어령 교수의 열성독자인 것만은 밝혀두고 싶은 사실이다.

1988년 서울올림픽 개막식 장면을 다시 기억해보자. 그러면 그때 그것을 기획한 이어령 교수가 금방 떠오를 것이고 우리문화의 본질과 정화에 대한 그의 깊은 이해와 넓은 안목에 다시금 고개가 끄덕여질 것이다. 태권도 군무를 끝내고 국군 특공대원들이 썰물처럼 그라운드를 빠져나간 뒤 텅 빈 그 초록의 공간에 흰 옷을 입고 흰 모자를 쓴 소년 하나가 보이는가 싶더니 이내 굴렁쇠가 굴러가기 시작했다. 그 장면을 대하는 순간 나는 책에서 읽은 구절 하나를 금방 떠올릴 수 있었다. “하나의 나뭇잎이 흔들릴 때 나는 하나의 공간이 흔들리는 것을 보았다. 조그만 이파리 위에 우주의 숨결이 스쳐 지나가는 것을 보았다.”

며칠 전에 이어령 교수의 책을 추억하게 하는 일이 일어났다. 서울 친구들 초청으로 관악산 산행을 하는 날이었다. 한때는 나도 그 산자락에 기대어 적잖이 세월을 보낸 적도 있었으나 제대로 관악산을 오른 것은 그날이 처음이었다. 그래서 기대가 작지 않았다. 기대했던 만큼 관악산은 좋은 산이었다. 그런데 그날 산행을 마친 뒤 근처에 사는 한 친구의 꽃밭을 방문한 것은 두고두고 잘한 일이 될 것 같다. 친구는 관악산 산자락에 기대어 사는 것도 부족했는지 자기가 사는 아파트 옥상에 꽃밭을 가꿔놓고 있었다.

토끼풀이 촘촘히 깔린 바닥에는 꽃창포, 넝쿨장미, 초롱꽃, 도라지, 그리고 이름을 모르는 여러 가지 꽃들이 어우러져 있었다. 소나무 숲이 뿜어내는 싱그러운 녹음에 한껏 취한 끝이었지만 꽃밭은 또 꽃밭 나름으로 아주 좋은 기쁨을 선사해주었다. 친구의 꽃밭은 말 그대로 천상의 화원이 되기에 모자람이 없었다. 머리 위에 꽃밭을 이고 사는 친구는 꾸는 꿈도 다르겠지 하는 생각이 들 정도였다. 다시 교수님의 글 한 구절을 끄집어본다.

초가지붕 위에 박을 키우는 한국인을 두고 이어령 교수가 이런 말을 했다. “그들은 거기에다 박을 올렸던 것이다. 푸른 박넝쿨로 반쯤 덮인 그 초가지붕이 얼마나 그 초라한 움막집을 아름답고 여유 있게 꾸미고 있는지를 보면 그 기울어가는 초가지붕 밑에 잠들어 있는 사람들이 어떤 꿈을 꾸고 있는지를 알 것이다.” 아파트도 꿈의 공간이 될 수 있다는 것을, 그 또한 우리 문화의 바탕으로 이어질 수 있다는 사실을, 우연찮게 확인한 날이었다.

(2004)

낡고 오래된 판자 하나

그림에는 문외한인지라 가족들 손에 붙들려 함께 나선 휴일 오후의 미술관이 달가울 리 없었다. 골목길로 건들바람 지나가듯 한 바퀴 휙 둘러보고 난 다음 마지막 전시실을 들어가려는데 옆으로 공예품과 책자 등을 판매하는 기념품 가게가 눈에 들어왔다. 순간 아무래도 내게는 그쪽이 더 편할 것 같기에 그쪽으로 먼저 발걸음을 옮겼다. 가게 벽면에는 작은 판자로 만든 선반이 하나 걸려 있었고 그 위에는 몇 개의 소품들이 진열되어 있었다. 실로 오랜만에 보는 선반이었다.

기념품과 도록을 살펴보기 위해 한 번 보고는 눈길을 거뒀는데 선반의 그 판자가 다시 눈에 감기는 것이었다. 책을 넘기다가 보고, 조각보를 만지다가 보고, 막사발을 들여다보다가 다시 보고, 드디어는 참지 못하고 다가가 고개를 젖혀 찬찬히 살펴보았다. 나뭇결을 따라 패여 있는 목리(木理)가 이만저만 멋있는 게 아니었다. 목재의 질감과 그것이 풍겨내는 아름다움에 숨이 멎을 정도였다. 파는 물건이라면 단박에 사고 싶을 만큼 마음에 쏙 드는 나무판자였다.

그날은 그렇게 보다가 미술관을 나오고 말았지만 한 번 빼앗긴 마음을 돌이킬 수는 없었다. 낡고 오래된 판자 하나 때문에 그날 이후 몇 차례나 더 미술관 그 가게를 기웃거려야 했다. 우연히 소반 하나 산 것이 계기가 되어 전통 목가구에 맛을 들였는데 나무판자 하나가 이런 식으로 비상하게 마음에 꽂힐 줄은 몰랐다. 절에 가더라도 법당 뒤뜰부터 먼저 찾는 것이 내 이상한 취미이기는 했다. 그런데 그 별스런 취미가 미술관에 가서까지 이런 식으로 발휘될 줄은 몰랐던 것이다.

초등학교 친구로부터 전화를 받은 것이 그 즈음이었다. 고향에 돌아와 새로 사업을 시작한 동창생이 있으니 함께 만나보지 않겠느냐는 기별이었다. 친구의 이름을 대줬으나 얼굴이 떠오르지 않았다. 누굴까? 무슨 일을 할까? 그동안 어떻게 살았을까? 약속한 날짜가 가까워지자 궁금한 것들이 계속 생겨났다. 그런 끝에 이왕이면 나와 관련이 있는 일을 하거나 취미라도 비슷하면 좋겠다는 기대를 품었다. 서로 떨어져 살아온 삼십 년의 세월이 아무래도 부담이 되었던 것이다.

동창생 친구는 도시 외곽의 산자락에 전통 가옥을 지어놓고 찻집과 음식점을 열었다고 했다. 유관하지는 않지만 일단 전통에 대한 관심은 방향이 비슷했다. 반가웠다. 며칠 뒤 친구를 따라가 본 사업장에는 온갖 석물과 목물 등이 요령 있게 배치되어 있었다. 또한 건물 한 채를 따로 마련하여 전통 목가구와 도자기 등의 민속품을 모아 전시하고 있었다. 친구는 보통 부지런한 사람이 아니었다. 어떻게 그런 오래된 물건들을 그렇게 많이 수집해두었는지, 그리고 저 낡고 오래된 판자들은 또 어디서 구해다가 저렇게 쌓아 놓았는지 놀라운 일이었다.

주말을 이용하여 친구를 찾아갔다. 친구는 지난밤 비바람에 돌담이 허물어졌다며 다시 쌓고 있는 중이었다. 청바지 작업복에 흰 수건을 목에 두른 친구의 얼굴에는 잿빛 횟가루가 묻어 있었다. 마침 잘 왔다면서 환하게 웃는 친구로부터 나는 그날 참말로 좋은 선물을 받았다. 막 제주도에서 올라왔다는 고재(古材) 두 점이었다. 부엌 문짝에서 떼어냈다는 그 판자는 몇 해 전 미술관 가게에서 본 선반보다 더 오래된 재질이었다. 나는 판자를 건네는 친구의 손을 잡고 그 동안 떨어져 지낸 수십 년의 세월을 내려놓았다.

낡고 오래된 판자를 다시 꺼내 들여다본다. 보다가 문질러보고 문지르다가 다시 들여다본다. 칠팔십 년은 족히 묵었을 두 장의 판자를 가지고 한 줄로 이어보기도 하고 가지런하게 세워 보기도 한다. 그리고는 스스로도 어찌하지 못하는 호고벽(好古癖) 속으로 빠져든다. 친구도 옛 친구가 좋다고 했던가? 나무판자 한 장 문짝 하나까지 오래된 물건들이 왜 이렇게 마음을 끌어당기는지 참으로 모를 일이다.

(2004)

걷는 행복

서점 진열대에서 이브 파칼레(Yves Paccalet)의 책을 집어올린 것은 "걷는 행복"이라는 책의 제목도 제목이려니와 표지를 장식하고 있는 사진 한 장 때문이었다. 바위에 올라가 비스듬히 누워 있는 누군가의 두 다리가 정확히 무릎 아래로만 나와 있었고 발에는 낡고 뭉툭한 등산화 한 켤레가 신겨져 있었다. 게다가 배경이 푸른 숲으로 처리된 까닭에 저절로 빚어지는 색상의 대비가 산뜻하게 내 눈을 잡아당겼다. 그러나 다시 생각해 보니 다리와 신발의 주인공이 내가 아닐까 하는 착각이 뒤늦게 일어났기 때문인 듯싶기도 하다. 그래서 주저 없이 책을 구입하게 되었던 것 같다.

하지만 파칼레의 책은 걷는 행복만큼 읽는 행복까지 가져다주지는 못했다. 프랑스 태생으로 고등사범학교를 졸업한 식물학자 겸 동물학자인 그가 사용한 용어와 표현이 자연과학적 사유에 익숙하지 않은 나에게는 수월한 편이 되지 못했다. 분석적인 그의 사유 또한 자주 끊어지는 번역투 문장에 얹혀 있어 독자가 붙잡고 있는 사유의 끈을 미궁 속으로 자꾸 빠뜨렸다. 일본

시인 마쓰오 바쇼(松尾芭蕉)의 하이쿠(俳句)와 우리 윤선도(尹善道)의 '어부사시사(漁父四時詞)'를 거론하는 일조차 놀랍다기보다는 생소한 쪽이었으니 어쩔 수 없이 그는 서구인이었던 것이다. 나중에 한 번은 다시 꺼내 읽어야 할 그런 책이었다.

그 무렵 오히려 흥미롭게 읽은 책은 안치운의 '옛길'이었다. 프랑스 유학을 다녀온 현역 연극평론가가 느닷없이 옛길에 관한 자신의 경험과 사유를 풀어냈을 때, 그리고 그것을 대형서점의 서가에서 우연히 꺼내들었을 때, 나는 어느덧 옛길을 따라 그와 어깨를 나란히 하는 동행이 되어 있었다. 나로서는 가보지 못한 길들, 예컨대 곰배골에서 강선리 가는 길, 대골과 아침가리 사이, 소백과 태백지간의 의풍길, 그리고 회목고개와 조무락골까지, 충실한 그의 길 안내를 읽어가며 비록 대화는 나눌 수 없었어도 사색의 여정은 푸근하게 끝마칠 수 있었다.

돌이켜 보니 나 역시도 걷는 걸 무던히 좋아했던 것 같다. 아내와 데이트를 즐기던 시절, 만나면 대놓고 걷기만 하는 탓에 남아 있는 기억이래야 함께 걸어 다닌 것밖에는 없다는 아내의 푸념이 과장이 아니다. 그 만큼 걷는 것을 좋아했고 또 어지간한 거리는 걸어 다녔다. 운동에는 자신이 없어 학생 시절 오래달리기라도 하는 날이면 속부터 먼저 울렁거리던 내가 걷는 것만큼은 자부를 하고 나설 정도였다. 그러니 그때부터 나름대로는 걷는 행복을 맛보고 있었던 것이다. 차를 운전하는 경우에도 건물 출입구 턱밑까지 끌고 가서 주차를 하면 그게 오히려 불편해지는 아주 이상한 체질을 갖고 있는 사람이 나다.

나이가 들수록 자신만의 시간이 있어야 하는데, 나이가 들수록 더 많이 사색을 해야 하는데, 하면서도 늘 말만 앞세우는 나는 오늘 저녁도 출타 중이다. 있어도 그만 없어도 그만 가도 그만 안 가도 그만인 소소한 약속을 위해 집을 나서는 이 순간 오늘 하루도 이렇게 마무리된다는 묘한 안도감에 젖어든다. 집에서 약속 장소까지 천천히 걸어가는 한 시간 남짓한 길은 내가 비밀스럽게 간직하고 있는 행복의 시간이다. 수안보 너머 미륵리 절터에서 하늘재로 향하는 오솔길인 양 '옛길'의 저자와 벌써부터 소곤거리고 있는 나는 머릿속에서 다시 이브 파칼레의 책을 꺼내든다.

"나는 나의 정치철학과 상응하는 무정부주의적인 쪽을 좋아합니다. 나는 사람들이 거의 다니지 않는 길을 좋아합니다. 또한 나는 지배적인 담론에 끼어드는 것을 무척 싫어하기 때문에, 사람들이 별로 다니지 않는 장소를 택합니다. 문학작품을 쓰려고 할 때도, 나는 사적인 오솔길을 택합니다. 나는 1968년 5월 세대입니다. 나는 공산주의, 마오쩌둥주의 등의 유토피아에 빠졌었습니다. 그리고 나는 그것들로부터 아주 빨리 빠져나왔습니다. (……) 나는 바쇼와 같은 동방의 고독한 사유양식을, 또는 루소나 랭보의 사유양식을 좋아합니다. 이들은 걷는 자들이었습니다. 나는 그들의 흔적 위에서 걷습니다."

(2004)

새울의 봄

인적이 드문 골짜기 양지쪽으로 사람들의 발길이 이어져 아주 작은 마을이 하나 들어섰으리라. 옹기종기 엎어져 있는 샛집[茅屋]들끼리 아침저녁으로 말을 나누고, 나누던 말들이 아랫마을로 전해져 새울[新村]이라는 이름도 생겨났으리라.

모둠살이가 다 그러한 것이니 매화나무도 하나 둘 사람들의 발길에 묻어와서는 제 고향인 양 그곳에 뿌리를 내렸을 것이다. 그리고 그것들은 해를 바꿔가며 하나씩 둘씩 자신의 나이테를 둘렀을 것이고, 그때마다 새울의 봄을 열었을 것이고, 올해 또 다시 이 봄을 열었을 것이다.

십 수 년 전이던가? 그해 봄도 여느 해처럼 그냥 지나쳐 보낼 수밖에 없는 허허롭고 남루하던 시간강사 시절이었다. 개강을 하고 나서 한 달이나 되었을까? 강의를 하다 말고 무심코 던진 눈길에 건너편 골짜기의 아주 작은 마을이 들어왔다.

그런데 이게 웬 일인가? 그곳에는 그 해의 봄을 다 담아놓기라도 하듯 한 폭의 그림 같은 정경이 펼쳐지고 있었다. 봄볕 아래 만개한 매화가 난분분 난분분 아우성을 치고 있는 것이었다. 호산 조희룡(趙熙龍)이 그린 그림 '홍매(紅梅)' 한 점을 거기에서 만났다.

도심으로부터 멀지 않은 곳에서 홀연히 마주친 뜻밖의 자연 풍광이 잊고 지내던 꿈 하나를 되살려주었다. 나는 서둘러 강의를 접고 봄볕이 이어지는 강의실 창가에 기대어 아주 오랫동안 그쪽을 응시하고 있었다. 그렇게 응시하고 있을 수밖에 없었다.

새울의 동네 한쪽 어귀에도 봄이 찾아왔다. 달래마늘 같은 봄내음이 한창 솟아나고 있다. 무거운 옷을 벗고 닫힌 창문을 열기 시작했다. 장끼의 울음소리는 한층 더 우렁차고 부리에 힘이 붙은 딱따구리도 부산하게 나무를 오르내리고 있다. 봄을 맞이하기는 매화나무도 마찬가지여서 물오른 가지마다 연신 꽃망울을 터뜨려내고 있다.

하지만 그 해 봄의 화사한 풍경은 다시 보이지 않는다. 가라앉은 마음에 봄의 충만함을 불어넣던 진하디 진한 홍매의 모습은 찾아지지 않는다. 여기 식구가 된 지 십여 년, 지난 시절의 남루함을 벗어버렸기 때문인가? 아니면 세월이 흐르고 그 만큼 더 나이를 먹었기 때문인가?

찾아든 계절보다 찾아올 계절을 먼저 생각하게 하는 연하고도 연한 색조, 꽃보다도 꽃 뒤에 숨어 있는 새끼손톱 같은 잎꼭지가 오늘 대하게 되는 새울의 매화이다. 그러니 지금 눈가에서 펼쳐지고 있는 새울의 매화는 이제 호산의 홍매가 아닌 것이다.

새울의 매화는 오히려 완당(阮堂)의 필치를 계승했다고 하는 소년 화가 고람 전기(田琦)를 떠올리게 해주는 매화이다. 이 조숙한 천재가 남겨 놓은 또 하나의 명품 '매화초옥도(梅花草屋圖)' 속의 매화가 이 봄에 만나게 되는 새울의 매화이다.

그 고졸한 아름다움으로 봄의 기운과 함께 봄의 한 부분으로 만족하면서 봄과 더불어 봄을 보낼 마련에 들떠 있는 고람의 난숙한 화의(畵意)를 찾아본다. 그림 속에서는 연한 흰빛을 띤 매화꽃이 두어 칸 산방을 점점이 둘러싸 있고 방안에는 누군가가 책을 대하고 앉아 있다.

나는 그 그림을 생각하고 다시 새울의 매화를 대하면서 다가올 계절에서나 찾을 수 있게 될 싱싱한 청매실을 그려본다. 아니 지금 이 순간 저 골짜기를 타고 건너오는 이 싱동싱동한 향이 벌써부터 매실을 달아놓고 있는 것 같기도 하다.

(2004)

변산반도 기행

새 학기가 시작하기 바로 전날 그러니까 3월 1일 삼일절 아침이었습니다. 겨울 삼동 내내 가족 나들이 한 번을 제대로 못했었습니다. 그래서 찾아간 곳이 변산반도였습니다. 줄포, 곰소, 격포로 이어지는 서해 바다를 따라가다가 내소사, 개암사 등지의 산사(山寺)로 파고드는 내변산과 외변산의 그 호젓한 길을 마다할 사람은 아마 없을 것입니다.

여러 차례 다녀온 곳이기에 달리 세세하게 신경을 쓸 필요가 없었습니다. 그것이 그곳을 찾은 이유라면 이유였습니다. 낯선 곳을 가게 되는 일이 생기면 지도를 펼쳐 놓고 수도 없이 도상 연습을 하고, 그것도 부족하여 국도와 지방도 도로번호까지 꼼꼼히 점검해 본 후에야 차의 시동을 거는 이 지독한 소심증의 결과입니다.

얼마 전부터 손에 들고 있는 정감록(鄭鑑錄)도 변산반도를 찾게 한 이유였습니다. '감결(鑑訣)'이니 '삼한산림비기(三韓山林秘記)'니 하는 정감록 부류의 기록들은 풍기, 유구, 운봉, 보은 등과 함께 변산반도의 부안을 대표적인 가거지로 꼽아 놓고 있습니다. 지금 세상에 무슨 정감록 타령이냐고 물으실 겁니다. 글쎄 어찌하다 보니 그렇게 되었습니다. 얼마 전 이문열의 '황제를 위하여'라는 소설을 읽고 난 뒤 정감록 쪽으로 잠시 관심이 갔던 모양입니다.

또 하나의 이유가 있었습니다. 방사성폐기물 처리장[방폐장] 유치를 둘러싼 민관 간의 갈등을 직접 확인해보고 싶다는 생각이었습니다. 고속도로를 점거하고 남녀노유가 시위에 나설 수밖에 없고 주민 대상의 찬반투표까지 실시하지 않으면 안 되었던 저간의 사정을 나도 느끼고 우리집 아이들도 느끼게 해주고 싶었습니다.

그러나 뭐니 뭐니 해도 속마음은 봄을 찾아서 떠난 길이었습니다. 다행히 봄은 만날 수 있었습니다. 전나무 숲길에서도 단풍나무 숲길에서도 겨울의 흔적은 찾을 수 없었습니다. 내소사 경내로 발을 들여놓자 대웅보전의 여덟 짝 꽃창살 사이로 봄바람이 감돌고 있었습니다. 바람의 끝자락을 따라가다 보니 사천왕문 옆에서는 산수유가 꽃망울을 터뜨리고 있었습니다. 그 순결한 노란색 앞에 서서 사진 한 장으로 봄을 잡았습니다.

늦은 점심을 해결한 곳은 격포 인근에 있는 궁항마을의 한 횟집이었습니다. 방파제 끝으로 등대가 서 있는 이십여 호 남짓한 작은 포구였습니다. 그런데 이것이 웬일입니까? 생선회 한 접시에 딸려 나오는 반찬이 장난이 아니었습니다. 소라, 멍게, 백합, 산낙지, 주꾸미……, 매운탕과 함께 다시 밥상에 오른 것이 콩나물, 달래무침, 배추겉절이, 조개젓, 황석어젓……, 주인 아주머니의 넉넉한 인심도 함께 올라와 있었습니다. 가거지는 가거지였습니다.

그런데 차가 부안 읍내로 들어서자 일순 분위기가 달라지기 시작했습니다. 방폐장 유치를 반대하는 구호가 걸개그림 속에서 고함을 지르고 있었습니다. 구호들은 찻길 옆 담벼락으로 아스팔트 노면으로 다시 그 위를 달리는 트럭의 뒤꽁무니로 이어지고 있었습니다. 바람이 불자 노란색 깃발들이 일제히 펄럭이기 시작했습니다. 내소사 절마당의 풍경과는 완연히 다른 것이었습니다. 같은 노란색이었지만 이곳의 바람은 여전히 겨울바람이었습니다.

서울대 교수들이 관악캠퍼스 내에 방폐장을 유치하자는 건의문을 낸 적이 있습니다. 없었던 일이 되어버리고 말았지만 의미 있는 제안이었다고 생각합니다. 그때 언뜻 이런 생각까지 가져봤습니다. 방폐장을 서울의 강남 한가운데에 유치하면 어떨까 하는 생각 말입니다. 그곳이 현대판 가거지라고 하던가요? 그러면 우리를 힘들게 하는 몇 가지 사회문제들은 단박에 해결이 되고도 남을 것입니다.

부질없는 생각을 이어나가다가 그만 돌아오는 길을 잃어버리고 말았습니다. 예정보다 무려 한 시간이나 늦게 집에 도착을 했습니다. 내 소심증으로는 좀처럼 일어나지 않는 일이 일어난 것입니다. 분명히 봄을 찾아 떠난 여행이었는데 봄을 찾았는지 못 찾았는지……, 돌아오는 길에 그만 그것도 잃어버리고 말았습니다.

(2004)

도청도설, 지역문제

일본의 대재앙을 보며 … 226

달빛에 물든 백제 역사 … 230

역사 드라마의 영웅본색 … 234

지역의 문화유산 … 237

흐르는 강물처럼 … 241

화희와 치희 … 244

동북아의 젊은이들 … 247

지역균형발전론 … 250

서해 어장과 임경업 … 253

잃어버린 고향 … 257

기지시 줄다리기 … 260

그리운 금강산 … 263

신화 속의 고대사 … 266

판소리 중고제 … 269

일본의 대재앙을 보며

조선시대 소설 '최척전(崔陟傳)'의 여주인공 옥영(玉英)은 자신의 남편 최척을 스스로 선택하여 결혼한 여인이다. 왜구가 쳐들어 와 피신하는 길에 옥영은 최척과 헤어지게 되고 나중에는 포로의 몸이 되어 일본으로 끌려간다. 일본에 가서는 다행히 일본인 무역상 돈우를 따라 중국과 안남 등지를 돌아다닌다. 그러다가 중국 땅에서 기적처럼 남편 최척을 만나게 된다. 중국에 터전을 잡은 부부는 거기서 둘째아들 몽선을 낳고 몽선이 크자 명나라 사람 위경의 딸 홍도를 며느리로 맞아들인다. 위경은 임진왜란 때 조선에 참전한 명나라 군사였다.

하지만 중국에서의 안정된 생활도 오래가지 못했다. 후금(後金)이 침입하자 이번에는 최척이 명군으로 참전하여 가족이 다시금 분리된다. 최척은 전쟁터에서 조선 원병으로 들어온 큰아들 몽석을 만난다. 뒤이어 두 부자는 후금을 탈출하여 조선으로 넘어가는데 성공한다. 한편 옥영은 수소문 끝에 최척이 조선으로 탈출했을 것이라는 판단을 내리고 자신도 조선으로 귀환할 계획을 세운다. 방법은 배를 타고 바다를 건너는 것. 둘째

아들 몽선의 거듭된 만류가 있었지만 옥영은 자신의 결정을 실행에 옮긴다. 마침내 동중국해 바다에 배를 띄우고 그 배에 자신도 몸을 싣고 둘째아들 부부도 태웠다. 말하자면 보트피플(Boat People)이 된 것이다.

이쯤 되면 '최척전'의 이야기는 종반을 치닫게 된다. 무모한 도전이지만 실제로 중국과 조선은 바람과 조류 및 해류의 도움을 받아 바닷길이 가능했다. 최척과 옥영의 이야기도 실화에 바탕을 둔 것인데 그보다 백여 년 전에 제주도로 파견된 추쇄경차관 최부(崔傅)가 중국에 표착한 사실도 있다. 부친상을 당한 최부가 배를 띄워 육지로 가던 중에 폭풍우를 만나 보름을 고생하고 절강성까지 떠내려간 것이다. 최부는 귀국한 뒤 왕명에 따라 자신의 체험을 '표해록(漂海錄)'이라는 책으로 남겨놓았다. 이처럼 중국이나 일본 심지어는 필리핀이나 말레이시아까지 표류한 조선 사람들도 심심찮게 있었다.

중국 해안과 일본열도, 오키나와와 센카쿠열도로 둘러싸인 서해와 동해 및 동중국해를 묶어 동아지중해(東亞地中海)라고 부르는 경우가 있다. 동해는 한반도와 홋카이도 사이가 좁아지다가 북쪽으로 닫힌다. 서해는 위쪽이 발해만으로 바다가 막혀 있다. 제주도 아래로는 센카쿠열도[중국명 釣魚島]가 북동쪽에서 남서쪽으로 이어져 대만으로 연결된다. 그러면 그 안으로 사방이 육지로 막히는 바다가 생겨난다. 그래서 그 바다를 동아지중해라고 부르는 것이다. 지중해는 글자 뜻 그대로 육지 속의 바다를 일컫는 말이다. 유럽의 지중해만을 무심코 생각하고 있었는데 한반도 주변에도 이렇게 지형적인 지중해가 있었던 것이다. 그것이 동아지중해이다. 그 동아지중해 한가운데에 꽃봉오리처럼 솟아 있는 땅이 한반도이다.

동아지중해는 신라시대에는 해상왕 장보고(張保皐)의 활동무대였다. 그 이전에는 허황옥이 배를 타고 건너온 바다이며 그 이후에는 거타지와 작제건이 중국으로 건너갔다 건너온 바다다. 바다를 일컬어 옛날의 고속도로라고 한다. 육지 못지않게 바다를 건너 사람들이 이동했고 바다를 통해 문명과 문화가 옮겨 다녔기 때문이다. 한반도에 벼가 들어온 길도 바닷길이고 일본으로 비단이 넘어간 길도 바닷길이다. 육지로 둘러싸인 바다는 사방이 탁 트인 바다와는 항해의 조건이 달랐다. 그만큼 순조로운 항해가 가능했다는 뜻이다.

지역을 잇는 순조로운 항해 덕분에 오늘날 유럽의 문명이 높은 수준을 이룩했거니와 한국과 중국과 일본의 동북아 세 나라도 동아지중해의 덕을 본 측면이 작지 않다. 초기 백제 시절 비류 세력이 해상을 통해 일본으로 진출한 사실, 가야와 일본의 교역과 불교의 전래, 연오랑과 세오녀 이야기 및 김수로왕 신화에서 보이는 바닷길 등등은 바다를 통한 문명의 교류가 우리의 추측을 넘어 폭이 컸고 또 빈번했음을 알려주는 사례들이다. 그렇게 보면 동아지중해의 바다를 통한 교류와 교역의 한가운데를 우리나라가 차지하고 있었던 셈이다.

일본에 대재앙이 들이닥쳤다. 사진으로 보는 천재지변의 참혹함이 우리의 예상을 뛰어넘는다. 엎친 데 덮친 격으로 원전사고까지 일어나 앞날을 예측하기가 어려운 상황이다. 시시각각 일본의 소식을 접하면서 이웃나라의 역할을 생각하게 된다.

이미 언론매체를 중심으로 전 국민적 차원의 일본 돕기 운동이 벌어지고 있다. 정당이나 기업들 모두 모금 대열에 합류한 가운데 한류 스타들도 성금을 쾌척했고 엊그제는 위안부 할머니들까지 추모집회를 열었다고 한다.

과거사 반성에 미적대고 독도 문제가 불거질 때마다 아쉬움이 많은 나라이기는 하지만 일본의 대재앙이 동북아 공동체를 더욱 다지는 전화위복의 계기가 되어 주었으면 좋겠다. 한국과 중국도 이웃나라 일본의 비극적인 상황을 접하면서 입술이 망가지면 이가 시리다는 순망치한(脣亡齒寒)의 고사를 되새겨 볼 일이다.

(2011)

달빛에 묻든 백제 역사

큰아이가 초등학교에 막 입학하기 전이니까 십오륙 년은 더 지나간 이야기인 것 같다. 그날도 요즘과 같은 이른 봄날이었다. 아내와 함께 두 아이를 태우고 충남 논산으로 차를 몰았다. 논산은 내가 태어난 땅이자 유년의 기억이 살짝 묻어 있는 곳이다. 초등학교에 입학하여 1학년을 마치고 나는 그곳을 떠났다. 그 후 이어진 도시생활에서 정을 못 붙이는 일이라도 일어나면 가끔 그곳을 생각했다. 몇 개 안되는 유년의 기억을 뜯어 맞추며 쓸쓸하고 허전한 마음을 쓰다듬는 버릇이 생겨났다.

화려하지는 않지만 그 기억들이란 대략 이런 것들이다. 대보름날 쥐불놀이를 좇아다니다가 두부공장 판자를 뜯어낸 일. 뜯어내다 붙들려 호되게 꾸지람을 받은 일. 한밤중에 차돌을 부딪치며 동무들과 놀던 일. 신작로 가로수 낙엽을 긁어 불장난을 하던 일 등등. 이러한 기억들은 나이 오십이 넘은 지금에 와서도 엊그제 일인 듯 선명하다. 유별난 기억도 더러는 남아 있다. 사격장을 다니며 주워 모은 탄피. 군가를 부르며 행군하던 훈련병. 끝없이 이어지던 군용트럭과 트럭의 헤드라이트 행렬 등등.

그랬다. 내 유년의 고향은 육군훈련소가 위치한 논산 연무대이고 내가 입학한 학교는 이름도 고풍스런 구자곡(九子谷) 초등학교다. 그곳을 떠난 나는 군에 입대하여 그곳을 다시 만났다. 사격훈련이 있던 날이었다. 대열을 지어 사격장으로 행군하는 길에 아주 익숙한 풍경이 눈에 들어왔다. 계단을 올라가 만나게 되는 교문, 그 너머로 담장을 낮게 두른 운동장, 운동장 뒤편으로 펼쳐지는 언덕, 언덕 옆으로 이어지는 논둑길 등은 예전 모습과 크게 다르지 않았다. 가슴에 손수건을 단 초등학생이 지금은 손에 총을 든 훈련병이 되어 행군을 하고 있는 것이다.

사격훈련을 마치고 돌아오는 길에 다시 학교를 지나가게 되었다. "제대를 하면 널 다시 찾아오리라." 그러나 이후의 삶은 속절없이 다른 쪽으로 흘러갔다. 유년의 시절로 돌아오기까지는 그 만큼의 시간이 더 필요했던 것이다. 그 사이에 나는 학업을 마치고 결혼을 하고 직장을 얻고 아이를 낳아 키웠다. 큰아이의 초등학교 입학을 코앞에 두고서야 처음으로 기회를 잡은 것이다. 그러고 보니 다시 찾아오기까지 딱 한 세대만큼의 시간이 흘러갔다. 유년의 기억과 다시 만난 그날 나는 더없이 흐뭇하고 행복했다. 아내도 그런 나를 보고 좋아했고 아이들도 덩달아 신나 했다.

학교는 달라지지 않았고 또 달라져 있었다. 기억을 하나하나 더듬어 운동장에서 화단으로 다시 본관 건물을 돌아 뒷마당으로 걸음을 옮겼다. 그런데 아……, 뒷마당에는 말에 올라탄 장군의 동상이 떡하니 있는 것이 아닌가? 유모차를 앞세우고 다가가 보니 동상의 주인공은 계백(階伯) 장군이었다. 긴 창을 하늘로 쳐들고 전방을 향해 눈을 부릅뜬 장군의 모습이 좌대 높이 있었다. 장군을 태운 말도 있었다. 장군의 말은 출정명령을 기다리고 있다는 듯 바싹 앞으로 고개를 당기고는 앞발굽 하나를 까딱거리고 있었다.

그날 나는 이 뜻밖의 장소에서 마주친 계백 장군의 동상 아래서 이런저런 이야기를 아이들과 나누었다. 계백 장군과 5천 결사대의 이야기, 김유신(金庾信) 장군과의 황산벌 싸움, 신라 화랑과 소년 장군 관창(官昌)의 이야기까지 차근차근 들려주었다. 다만, 계백 장군이 출정을 앞두고 자신의 가족을 칼로 베었다는 사실만큼은 들려주기가 어려웠다. 하지만 더욱 유감스러웠던 점은 내가 아는 계백의 이야기가 많지 않았다는 사실이다. 정말 그랬다. 남아 있는 계백의 이야기가 거의 없었다.

이병주의 소설 '산하(山河)'에 보면 다음과 같은 구절이 나온다. "태양에 바래지면 역사가 되고 월광에 물들면 신화가 된다." 지난 시절 지리산을 헤집고 다니던 젊은 영혼들과 그들의 남은 생애에 대한 헌사로서 널리 인용되는 말이다. 그런데 그 말이 내게는 눈부신 경구로 바뀌어 들려온다. 그렇게 보면 계백의 생애도 이미 신화가 되어버린 것이 아니던가? 비류백제도 그렇고 해상왕국도 그렇고 무령왕(武寧王)이나 성왕(成王)은 또 그렇지 않겠는가? 고구려 및 신라와 자웅을 겨루고 한반도 주변 바다를 거침없이 누비던 백제의 역사가 나라의 문이 굳게 닫힌 뒤 언제 어느 때 다시 태양 아래 환하게 서 있는 적이 있었던가?

오늘 아침 출근길에서 '2010 세계대백제전' 광고를 만났다. 신호를 기다리는 시내버스의 옆구리에 대백제전을 알리는 로고와 함께 마스코트가 걸려 있었다. 다시 가속페달을 밟으면서 백제를 생각했고 계백을 떠올렸다. 이제 대학생이 되어 집을 떠나 있는 큰아이 얼굴이 떠올랐다. 집에 온다고 하는데 이번 주말에는 다시 연무대 나들이를 해볼까? 계백의 동상을 찾아 역사는 무엇이고 신화는 무엇인지 들려줄 수는 있을까? 태양은 무엇이고 월광은 무엇인지 이야기할 수는 있을까? 그로부터 다시 한참의 시간이 흘렀지만 백제의 역사는 여전히 월광의 그늘에서 벗어나지 못하고 있었다.

(2010)

역사 드라마의 영웅본색

일이 풀리지 않아 답답하거나 주변에 귀찮은 경우라도 생기면 지나간 시간 속으로 뒷걸음질을 치는 버릇이 있다. 역사서를 넘기며 이런저런 사람들을 대하다 보면 답답증이 해소되고 운이 좋으면 해결 방도까지 거둬 올리게 된다. 대만의 반체제 인사 백양(柏楊)의 '맨 얼굴의 중국사'도 그렇게 해서 손에 잡은 책이다. 다섯 권짜리 분량을 읽어내느라고 시간 투자가 있었지만 다종다양한 군상들을 관찰할 수 있는 좋은 기회였고 흥미로운 경험이었다. 역시 중국이라는 나라는 영웅도 많았고 엉터리도 많았다. 그 책에 의하면 명나라 어느 황제는 스물 몇 해 동안을 조회 한 번 열지 않았다고 한다. 그래도 왕조가 굴러간 것을 보면 재미있고 또 희한한 나라가 중국이다.

그러나 역시 눈길을 끈 것은 역대 제왕들이고 그 중에서도 뛰어난 리더십의 소유자들이었다. 한고조 유방(劉邦), 청나라 강희제(康熙帝) 등이 그런 인물이었는데 당태종 이세민(李世民)도 그 안에 포함시킬 수 있을 듯싶다. 이 북방의 피를 물려받은 용맹한 군주는 뛰어난 명신들의 보좌를 받으며 자신감과 결단력, 개방적이고 진취적인 자세로 내치와 외치 양면에서 모두 뚜렷한 족적을 남겼다. 그리하여 후세의 사가들로부터 '정관(貞觀)의 치(治)'라는 한결같은 칭송을 받았던 인물이다. 명신들의 보좌도 결국은 그의 용인술에 기인하는 것이었다. 그런데 그러한 당태종도 한 가지는 실패하고 말았으니 동방의 강국 고구려만큼은 마음대로 하지 못했던 것이다.

얼마 전 중국 발 외신은 한국의 역사 드라마가 당태종을 아둔한 군주에다가 애꾸눈이라고 하여 중국인들의 분노를 일으키고 있다는 소식을 전했다. SBS의 '연개소문'과 KBS의 '대조영'이 고구려 원정에 나선 당태종을 그런 식으로 묘사했다는 것이다. 아닌 게 아니라 드라마는 양만춘(楊萬春) 장군이 쏜 화살에 왼편 눈이 찔려 퇴각을 하는 완벽한 실패자로 그리고 있었다. 그러니 중국 사람들로서는 화가 날 법도 했다. 홍콩과 대만까지 가세하여 중화권 전체가 비난의 목소리를 높이고 있다는 것이다. 소식을 접하며 고대사를 둘러싼 인접국가들 간의 미묘한 신경전이 다시금 부상하는 것이 아닌가 하는 우려가 일어난다. 중국의 동북공정으로 촉발된 고대사 침탈의 문제가 더욱 어려운 국면으로 빠져들고 있는 것이다.

사극을 사극으로만 보면 허구의 개입이 일어나는 것을 크게 나무랄 일은 아니다. 소비대중의 위력이 날로 성하고 시청률이 프로그램 평가의 핵심지표가 되는 이 시대에 시청자들의 관심과 기호에 맞추는 것 자체를 잘못되었다고 할 수는 없다. 더욱이 소비자가 생산자의 역할까지 떠맡는 프로슈머(Prosumer)의 출현을 예고하는 시점에서 사극을 향하여 학문적 엄밀성을 들이대는 것은 곤란한 일이다. 그렇기는 하나 역사적 사실에 바탕을 두어야 할 사극을 평범한 홈드라마와 같이 편한 방식으로 엮어내는 일도 딱한 노릇이다. 내용 여하에 따라서는 역사왜곡의 논란을 불러일으켜 개인과 개인, 집단과 집단, 국가와 국가 간의 갈등을 부추길 수 있는 위험요소가 있기 때문이다.

단재 신채호의 '조선상고사(朝鮮上古史)' 제10편 '고구려 대당 전역'에는 연개소문, 양만춘, 추정국, 당태종, 설인귀 등 고구려와 당 두 나라의 영웅들이 활약하는 안시성 전투의 일대 파노라마가 펼쳐져 있다. 거기서도 당태종은 눈에 화살을 맞고 말이 진흙에 빠져 붙들리기 일보 직전에 도망을 치는 것으로 나온다. 그러나 사실 여부는 또 다른 문제다. 앞으로도 광개토왕과 단군을 주인공으로 하는 후속 사극들이 줄줄이 발표된다고 하니 특히 고대사를 다루는 자리에서는 민족이라는 뇌관을 조심하는 것이 좋겠다. 퓨전(Fusion)도 좋고 팩션(Faction)도 좋으나 대중문화의 흐름을 국수주의의 구덩이로 몰아가서는 안 될 것이다. 당태종도 분명 그 나라 국민들에게는 충분히 존경받을 만한 그런 인물이었다.

(2007)

지역의 문화유산

3백 년 전에 새색시 한 분이 대전 계족산 아랫마을로 시집을 왔다. 새색시의 친정은 서해 바다가 보이는 충청도 홍성의 오두(鰲頭)라는 곳이었다. 새색시는 개방된 집안 분위기 덕에 어려서 배움의 기회를 가졌고 스스로 한시를 지어 감상할 줄도 알았다. 출가 전에는 부모의 품과 오빠 형제들 틈에서 한시를 수창하며 비교적 자유로운 생활을 누렸던 것으로 보인다. 남겨놓은 작품이 2백여 편을 상회하는데 우리 문학사도 그런 그녀에게는 따로 한 자리를 마련해줘야 할 것 같다. 그 분이 김호연재(金浩然齋)이다.

김호연재라는 인물의 존재를 알게 된 것은 오륙 년 전이었다. 한글로 적힌 오래된 자료가 발견되었으니 검토해보지 않겠느냐는 문화원 측의 연락을 받고 찾아간 것이 2000년 겨울이었다. 국문소설이거나 아니면 가사나 가집이겠거니 하고 갔던 길인데 문화원 담당자가 들고 나온 자료는 한시를 국문으로 번역한 두 권의 두툼한 고서였다.

책을 열고 대충 훑어보았다. 반흘림체 글씨는 읽기에 다소

불편했으나 행을 맞춰 정연하게 씌어져 있었고 지질을 비롯하여 전체적인 책의 상태도 양호하였다. 그러나 내가 뛰어들 수 있는 일은 아니라는 생각이 들었다. 한시 원문이 반이나 가까이 없어진 상태에서 그것을 복원해내는 작업이 쉬운 일이 아니었다. 복원이 먼저 이루어져야 나머지 일들이 진행되는 법인데 시를 복원하는 것부터가 엄두가 나질 않았다.

그러나 또 그렇게 해서 시작한 일이었다. 자료를 읽어나가는 것을 시작으로 일부 한시 원문이 남아 있는 자료들끼리 대조를 하고, 그도 저도 없는 경우는 음독한 글자에 언해된 풀이를 맞추어 원시를 다시 구성하는 작업에 들어갔다. 고지식하다고 할 만큼 직역(直譯)의 방식을 취하고 있어 거기에 어느 정도 기대어 볼 수는 있었지만, 밑천이 딸리는데다가 시간적인 여유도 없고 또 가까이에 도움을 청할 곳도 마땅치 않아 작업은 이내 어려움 속으로 빠져들었다.

그 일만 생각하면 지금도 아득해지고 얼굴이 달아오르는 것은 그 때문이다. 약속한 기간에 맞춰 보고서 두 권을 달랑 내놓기는 했으나 처음부터 부끄러운 일이었다.

한글로 된 한시집인 까닭에 복원 작업이 선행되어야 했고 또 그것이 가장 중요한 일이었다. 하지만 바로 그 사실에 기인하여 여러 가지 가치를 부여할 수 있는 자료가 또한 김호연재의 시집이다. 직역이 풍겨내는 엄정한 의미와 붓으로 쓴 한글 서체의 아름다움은 뜻밖에 만나는 이 자료의 미덕이다. 아울러, 당시 사대부 집안 여성들의 시에 대한 관심이나 그들의 생활을 접근된 지점에서 파악할 수 있다는 점도 김호연재의 시집이 아니고서는 경험하기 힘든 일이다.

특히 김호연재의 한시에서 확인할 수 있는 여러 지명들을 비롯하여 이 지역과 관련을 갖는 몇 가지 사항들은 또 다른 즐거움을 선사해준다. 한시 작품 여기저기에는 법계(法溪), 법천(法泉), 비래암(飛來庵), 호연당(浩然堂), 환성암(喚醒庵), 용산(龍山), 계산(鷄山) 등등 주로 계족산 아래 지금의 송촌 언저리 풍경과 건축물이 적절히 배치되어 있다. 3백 년 세월의 흐름에도 불구하고 거의 변하지 않은 자연과 인공의 유구함을 확인할 수 있는 기회를 제공해준다. 그 또한 반가운 일이다.

하지만 이렇게 장황할 정도로 김호연재와 그의 한시를 소개하는 뜻은 다른 데 있다. 이른바 문화전통이나 문화유산을 운위하는 경우 지역의 경계가 확장되면 지역의 전통이나 유산도 그 만큼 외연이 넓어지는 것이 당연한 일이다. 하지만 대전면(大田面)이 군(郡)이 되고 대전시가 직할시를 넘어 광역시가 된 지금에 이르도록 '한밭'이라는 이름에 매달려 그저 허허벌판이었고 인물도 문화도 없었던 지역으로 간단히 처리하는 경우가 많다는 사실을 지적하고 싶은 것이다.

더 큰 문제는 그와 같은 견해가 이 지역의 낙후된 문화적 풍토를 설명하는 빌미로 제시되고는 한다는 점이다. 과학기술의 도시로만 오로지 몰고 가는 대전의 도시 브랜드나 시티 아이덴티티도 따지고 보면 그와 같은 단순유치한 발상과 궤를 함께 하는 것이다. 선사시대 유적이나 청동기 유물 등 찾아보면 유산도 많고 인물도 많고 전통도 오래된 지역이 대전이다. 실로 이 좋은 땅을 옛날사람들이 그냥 놔두고 있었겠는가? 허난설헌과 어깨를 겨룰만한 김호연재의 존재 및 그녀가 남긴 2백여 편의 한시도 그런 여러 가지 사례들 중의 하나인 것이다.

(2005)

흐르는 강물처럼

국민들을 대상으로 가장 살기 좋은 곳을 조사하는 일이 종종 있습니다. 그때마다 빠짐없이 손에 꼽히는 도시가 대전입니다. 그 대전의 도시 확장을 두고 대전을 관통하는 세 개의 하천으로 정리해놓은 재미있는 사례가 있더군요. 처음에는 대전역 부근의 대전천(大田川)을 끼고 도시가 형성되었다고 합니다. 그 후 충남도청이 들어서고 몇몇 군부대가 주둔하면서 유등천(柳等川)이 가까운 서대전으로 시세가 확장되었고, 이제는 둔산 신시가지의 조성과 함께 대전의 도심이 갑천(甲川)으로 쏠리고 있다는 흥미로운 분석이 그것입니다.

짓궂은 생각일는지 모르겠습니다만 그러한 변화를 행정구역으로 나누어 파악해볼 수도 있을 것입니다. 그럴 경우 대전의 중심은 동구에서 시작하여 중구를 거친 다음 현재는 서구 및 유성구로 옮겨졌다는 표현도 가능합니다. 시청을 비롯한 많은 공공기관 및 상업시설들이 이미 서쪽으로 이전하였습니다. 학교도 그렇고 병원도 그렇습니다. 사람들을 따라 온갖 매체와 자본이 서부에 밀집한 지금의 상황에서는 그와 같은 생각이 무리라고 하기도 어렵습니다. 확실히 대전의 중심은 서구와 유성구 즉 서부 지역으로 넘어가버리고 말았습니다.

유등천을 경계로 한 대전의 동부와 서부는 이미 생활방식이나 생활수준에서도 적지 않은 차이를 보여주고 있습니다. 특히 어린 자녀들의 학력과 관련된 격차는 우려할 만한 수준이 되고 있습니다. 우리 아이가 몇 학년일 때 집을 둔산으로 옮길 것인가 하는 일이 학부모들의 최대 관심사라고 합니다. 그러나 둔산이야말로 대전에서는 가장 살기가 안 좋은 곳이라고 해야 맞을 듯싶습니다. 사방 어디를 보나 멋없는 아파트와 복합상가들이 밀집해 있고 하루 온종일 차량들이 뒤엉켜 가다 서다를 반복하는 곳이기 때문입니다.

자전거를 끌고 강변을 산책하다가 이제는 돌아가는 길입니다. 삼천동 보라아파트 부근 물가에 멈춰 잠시 숨을 고르고 있습니다. 여기서는 '삼천(三川)'이라는 이름 그대로 세 개의 하천이 만나는 모습을 볼 수 있습니다. 동쪽에서, 남쪽에서, 서쪽에서, 각기 흘러온 강물이 합수하여 북쪽으로 흘러갑니다. 그러면 얼마 안 가 신탄진에 이르고 거기서 금강을 만나게 됩니다. 제각기 방향을 달리하던 물결이 어깨를 나란히 하는가 싶더니 이내 수면 아래로 잦아듭니다. 그러자 웅숭깊은 강의 면모가 눈앞에 펼쳐집니다. 강물은 너나 할 것 없이 고른 수면을 유지하며 낮은 쪽으로 흐르고 있습니다.

상선약수(上善若水)라고 했던가요? 최고의 선은 물과 같다는 말입니다. 삼천교 다리 아래에서 다시 강물을 바라보니 대전은 역시 살기 좋은 상선지지(上善之地)이고 또 약수지지(若水之地)입니다. 성급한 아이들 몇몇이 물가로 내려가 살얼음을 밟고 있습니다. 언제쯤이면 썰매를 지칠 수 있을까 가늠하러 나온 길인가 봅니다. 수면 위로는 겨울 오후의 햇살이 환하게 부서지고 있습니다. 온통 눈이 부실 지경입니다. 아이들의 웃음소리도 그 햇살 아래 사정없이 부서져 쏟아지고 있습니다. 귀가 다 흐뭇할 지경입니다.

(2004)

화희와 치희

창강 김택영(金澤榮)이 찬술한 '여한십가문초(麗韓十家文抄)'에는 우리의 주옥과도 같은 명문들이 고스란히 모아져 있다. 거기에는 김부식(金富軾)이 '삼국사기'를 지어 바칠 때 임금에게 함께 올렸다는 '진삼국사표(進三國史表)'도 한 자리를 차지하고 있다. 노년의 세월을 잊어가며 매달린 노작을 탈 없이 마무리한 뒤 겸사를 앞세워 행간에 득의의 심정을 갈무리한 노련한 문사의 붓 놀리는 솜씨에 저절로 웃음이 일어난다.

"바라옵건대 성상폐하께옵서는 이 소루(疏漏)한 편찬(編纂)을 양해하여 주시고, 망작(妄作)의 죄를 용서하여 주옵소서. 이것이 비록 명산(名山)에 비장(秘藏)할 거리는 되지 못하오나 간장독 뚜껑을 덮는 것과 같은 무용(無用)의 것으로는 돌려보내지 말기를 바라옵니다. 신(臣)의 구구한 망의(妄意)는 천일(天日)이 비추어 내려다 볼 것입니다."

그 '삼국사기'의 고구려본기에는 두 번째 임금 유리왕(琉璃王)과 함께 화희(禾姬) 및 치희(雉姬)라는 예쁜 이름을 지닌 두 명의 여자가 등장하는 대목이 있다. 국문학에서는 이 대목을 고

대시가 '황조가(黃鳥歌)'의 바탕설화로 간주하는데, 요즘 고구려사 문제로 나라 안팎이 시끄러워 그런 것인지 그쪽으로 눈길이 모아진다. 간추린 내용을 들어보면 다음과 같다.

"왕이 두 여자를 계실로 얻었으니 화희는 골천 사람의 딸이고 치희는 한인의 딸이었다. 둘이 화목하지 못하였으므로 왕은 동서 두 궁을 짓고 각기 살게 했다. 뒤에 왕이 사냥을 가서 7일 동안 돌아오지 않았는데, 둘이 싸우되 화희가 치희에게 "한인의 비첩으로 이렇게 무례한가?" 하니 치희가 부끄럽고 한이 되어 돌아가 버렸다. 왕이 뒤늦게 알고 쫓아갔으나 치희는 성이 나서 돌아오지 않았다."

이 대목에는 그때 유리왕이 불렀다는 '황조가'도 포함되어 있다. 4자 4구 모두 열여섯 글자밖에는 안 되는 이 짧은 '황조가'를 두고 학계에서는 구구한 주장들이 제기되어 왔다. 그러한 사정은 현재도 다르지 않다. 그러니 생각해 보라. "훨훨 나는 저 꾀꼬리 / 암수 서로 정답구나. / 내 외로움 생각하니 / 뉘와 함께 돌아갈까."라는 2천 년 전의 이 단순한 노래에 대해 어떻게 명쾌한 설명이 가능하겠는가?

지금까지 제기된 여러 학설 가운데 요즘 특별히 관심을 끄는 것이 한 가지 있다. 이 기록에는 고대국가가 성립하는 단계에서 왕이 가졌음직한 심각한 정치적 고뇌가 깔려 있다는 주장이다. 그런 주장을 하는 사람들은 화희와 치희를 각각 농경인과 수렵인을 상징하는 원초적인 어휘로 해석을 시도한다. 화(禾)는 벼를 의미하고 치(雉)는 꿩을 의미하며 희(姬)는 여자라는 뜻의 보통명사로 보아 글자가 지닌 뜻 그대로 파악하는 입장이다.

그러한 문맥대로라면 화희는 골천으로 대표되는 농경을 위주로 하는 토착세력이 되고 치희는 한인으로 대표되는 수렵을 위주로 하는 외래세력이 된다. 요컨대 그 두 세력의 연대를 기반으로 일어난 고구려가 유리왕 대에 이르러 세력 간 다툼이 벌어졌고 그 다툼에서 치희 세력이 패배한 다음 본래 그들의 땅이 있는 북쪽으로 돌아갔다는 식으로 풀이하는 것이다. 주목하고자 하는 점은 바로 그 대목이다.

'삼국사기'를 편찬한 김부식과 또 그가 편찬한 '삼국사기'는 그 동안 사대주의에 침윤된 대표적인 인물 및 저술로 폄훼를 받아왔다. 일정 부분 그렇다는 점도 인정이 된다. 그러나 '삼국사기'의 '황조가' 대목을 다시 읽으면서 그것이 "망작의 죄"와 "무용의 것"만은 아니라는 점을 새롭게 확인할 수 있었다. 과정이야 어떻든 결과적으로는 치희로 대표되는 한인을 제 땅으로 돌려보내고 있기 때문이다. 정치적 사안이 되어가고 있는 고구려사 논쟁을 대하면서 국문학의 관점에서 한 마디를 거들어보는 것이다.

(2004)

동북아의 젊은이들

몇 해 전 동북아시아 교환학생 프로그램으로 일본, 중국, 러시아 등지에서 온 대학생들과 한 학기 동안 수업을 진행한 일이 있다. 마쯔에 유까, 진채하와 임패니, 유가이 마리나 등 스무 살을 이제 막 넘긴 그들은 구마모토 학원대학, 심천대학, 우스리스크 사범대학 등 자매대학의 학생들이었다. 다들 조금씩은 한국어를 배우고 왔기 때문에 최소한의 의사소통은 가능했다. 덕분에 크게 힘들이지 않고 종강까지 강의를 마무리할 수 있었다.

그때 내가 가졌고 또 지금껏 갖고 있는 생각은 그들이 한결같이 성실한 학생들이었다는 사실이다. 잘생긴 유까는 남학생인데도 무척 섬세한 성격의 소유자였고 금발의 마리나는 수줍어 꼭 필요한 말만 하는 얌전한 여학생이었다. 그리고 진채하와 임패니는 미국 유학을 꿈꾸는 학구열 강한 당찬 여학생들이었다. 개성은 각자 다 달랐지만 한 학기 내내 지각 한 번이 없었고 한글을 쓰는 솜씨는 우리 학생들이 무색할 정도였다.

그리고 그때 가졌던 또 하나의 생각은 그들이 대단히 겸손하고 상대방을 배려할 줄 아는 젊은이들이라는 사실이다. 추석 날 집으로 초대했을 때 이 동북아의 젊은이들은 말씨와 몸가짐 어느 하나 빠뜨리지 않고 예의를 갖춰 행동을 했다. 또한, 큰아이의 취미가 우표수집이라는 사실을 그날 알고는 한국을 떠나기 전날 자국의 우표를 한 봉지씩 가지고 와서 우리 가족을 기쁘게 해준 일도 있다.

지금도 나는 그들을 일본인, 중국인, 러시아인으로 생각하기에 앞서 동북아 지역에서 함께 사는 나와 하나인 사람들로 기억하고 있다. 한국에 대한 호감과 애정이 있고 예의 성실함과 겸손함을 보여준 까닭이기도 하지만, 한국의 문화와 전통을 짚어주면 그 비슷한 자국의 사례들을 열심히 소개하면서 서로 반가워하고 그러면서 조금씩 상호간 이해의 폭을 넓히는 열린 마음들을 지니고 있었기 때문이다.

그런 점에서 최근에 목격한 일련의 사건들은 내게는 무척 생소한 광경이었다. 한일 두 나라가 축구 경기를 갖던 날 한국 응원단이 휘두르는 깃발에는 일본어로 "열도 폭파(列島の爆破)"라는 구호가 적혀 있었다. 그것을 보는 순간 현장에 있지도 않은 내가 먼저 얼굴이 붉어졌으니 그런 구호는 어떤 이유를 붙이더라도 도를 벗어난 것이었다. 축구에 거는 전 국민적인 기대를 모르는 바 아니나 경기는 경기이고 스포츠는 스포츠인 것이다.

우려할 만한 일은 아시안컵 축구대회 때도 일어났다. 한국 선수들이 좋은 경기를 펼칠 때마다 야유로 일관한 중국 관중들의 태도는 분명 속 좁은 것이었다. 중국과 일본의 경기는 사정이 더욱

안 좋았다. 응원의 열기가 과열된 나머지 양측의 충돌이 정치적인 문제로까지 비화되었던 것이다. 한국의 '붉은악마', 일본의 '울트라 닛폰(Ultra-Nippon)', 중국의 '룽훈(龍魂)'. 경기장에서 벌어지는 동북아 젊은이들의 감정 다툼이 도를 넘어서고 있다. 우려할 만한 상황이다.

하나씩 떼어놓고 보면 다들 성실하고 겸손하고 상대방을 배려할 줄 아는 동북아의 젊은이들이다. 서로를 이해하고 서로를 배려하는 바탕 위에서 이들의 함성이 하나로 뭉쳐질 때 동북아의 평화와 번영도 보장받을 수 있는 것이다. 유럽이 하나가 되어 경제공동체(EU)를 구성했고 미국이 여전히 팩스 아메리카나(Pax Americana)를 외치고 있는 이 마당에 동북아의 역사만 뿔뿔이 흩어져서 뒷걸음질을 치게 된다면 이 지역의 미래는 어떻게 되겠는가?

섣부른 애국심이나 배타적인 민족주의는 없는 것이 옳다. 지난 세기 동북아 지역을 횡행하며 크고 작은 비극을 수도 없이 연출해 낸 배타적 민족주의의 폐해에 대해서는 동북아시아의 지나간 역사가 충분히 보여주지 않았는가? 중국 정부의 동북공정, 일본 총리의 신사 참배, 한국 정치권의 과거사 논란 등등 동북아시아에서 벌어지고 있는 일련의 현상들도 크게 보면 같은 흐름을 타고 있는 것 같아 마음이 산란해진다.

(2004)

지역균형발전론

학회 참석차 1박2일 일정으로 무주리조트를 다녀왔다. 첫날 예정된 세미나가 종료된 후 자연스럽게 이어진 재미나(?) 자리에서 동업자 한 분이 웃으며 말을 건넸다. "머지않아 수도권 대학의 교수가 되게 됐습니다. 축하합니다." 인사를 받고 보니 남쪽 지방 어느 대학에 적을 두고 있는 분이었다. "아, 그게 그런가요? 글쎄, 그럴까요?" 나도 따라 웃으며 술잔을 주고받았다.

대학에 자리가 났다기에 서울 생활을 청산하고 대전으로 거처를 옮기고 난 이래 한 번도 서울행을 마음에 두지 않은 데는 그럴 만한 곡절이 있었다. 서른을 넘긴 나이에 결혼을 하여 신접살림이랍시고 차려야 했는데, 한 달을 두고 전세 아파트를 구하러 다녔건만 내 손에 쥐고 있는 돈으로는 어림도 없었다. 결국 고향에 계시는 부모님에게 다시 손을 벌리고 어렵사리 아파트를 찾아 들어간 곳이 경기도 광명시 철산동이었다. 서울특별시 특별시민이 되는 일이 만만치 않다는 것을 몸으로 체득한 사건이었다.

그 후 대전으로 이사를 하면서 다시 경험하게 된 박탈감을 어떻게 설명할 수 있을까? 처음부터 전세로 들어가지 말고 조금만 더 얹어 아파트를 사두라는 부동산 영감님의 말씀을 들었어야 했다. 두 해가 채 지나지도 않아 아파트 값이 무려 세 배 이상으로 치솟은 것이다. 그 해 그러니까 1980년대 후반에 벌어진 서울의 아파트 경기는 물정 모르는 사회 초년병에게는 호되게 치른 입사식(入社式)이었다.

내 경험담을 전해들은 친구의 말마따나 그때 얼굴 한 번 더 붉히고 부모님에게 아쉬운 소리를 했어야 했는가? 그랬다면 글쎄, 일찌감치 나도 이 나라의 중산층이 되어 지금쯤 "아! 대한민국"을 구가하고 있었을지 모를 일이다. 그랬더라면 대전으로 이사하면서 좋은 아파트 한 채쯤은 어렵지 않게 건져 올렸을 것이다. 어쩌면 돈까지 벌어왔다고 효자 소리를 들었을지도 모른다. 그러나 한 순간 기회는 다 날아가 버리고 우리 부부는 전셋돈 탈탈 털어 쫓기는 사람처럼 이곳으로 내려왔다.

그 뒤 아파트 대란에다가 다시 광풍이 불고 있다는 서울 소식이 이곳까지 전해졌다. 몇 번인가는 이 동네도 그 비슷한 바람이 불어 출렁거린 적도 있었다. 순전히 아내 덕이기는 하지만 그 사이 아파트 하나는 장만하여 그럭저럭 내 이름을 올릴 수는 있었다. 하지만 그것을 처분하여 서울로 간다 한들 뭐 하나 제대로 된 것을 갖출 수가 있겠는가? 진작부터 그쪽으로 고개를 안 돌린 이유 중에는 그런 사정도 들어 있었던 것이다.

이렇게 말하는 이 순간에도 지방의 모든 재화는 서울을 향해 흘러가고 있다. 돈도 그렇고 상품도 그렇고 사람들도 그렇다. 동네 구멍가게를 일거에 눠어버린 대형할인점의 하루 매출액은 그날 밤을 머물지 않고 서울로 올라간다. 누가 천 년 묵은 산삼을 캤다 한들 그것이 어디 지방 구석에 하룻밤이라도 머물러 있겠는가? 아침저녁 얼굴을 대하는 주변 인사들조차 눈만 뜨면 서울로 귀를 열어놓고 있는 것이 이곳의 실정이다.

이쯤 해서 이태 전 중국을 다녀온 이야기를 꺼내야겠다. 상해의 눈부신 고층빌딩을 뒤로 하고 경치 좋다는 장가계에 들어갔을 때 나는 이 구걸을 하고 뿔피리를 팔겠다고 벌떼처럼 모여드는 토가족(土家族) 아이들의 난리법석에 적잖이 마음이 상했었다. 게다가 호적에도 오르지 못한 흑해자(黑孩子)들이 바로 저 아이들이라는 사실을 알고는 더욱 깊은 충격 속에 빠져들었다. 몇몇 대도시를 비롯하여 서해 바다를 면한 해안지역을 제외한 나머지 중국 대륙 전체가 텅텅 비어 있는 것은 아닌가 할 정도로 이상한 상상까지 했었다.

중국의 속사정을 목격하면서 도시와 시골, 서울과 지방의 문제를 다시 생각해본다. 신행정수도 건설에 대한 논란이나 찬성 반대의 소용돌이 상황에서 내가 정작 관심을 두고 있는 것은 국가 전체의 균형발전 문제다. 수도권 대학의 교수가 아니라고 한들 그게 뭐 대수이겠는가? 상대적인 박탈감을 느끼지 않고 내 할 일을 할 수 있다면 그걸로 그만 되는 것인데……. 그런데 그것이 정말 어렵고 불가능한 일인가?

(2004)

서해 어장과 임경업

임경업(林慶業) 장군은 조선 중엽의 명장으로 충주 달천 출신이다. 평안도 개천 출생이라는 설도 있으나 형리의 장살 아래 억울한 죽음을 당한 뒤 달천에 장사를 지낸 사실로 보면 충주가 고향일 가능성이 더 크다. 속리산을 오른 사람이라면 정상 부근에 위치한 신선대 조금 못 미쳐 아래쪽에 터를 잡고 있는 상당한 규모의 너럭바위를 기억할 것이다. 그 바위를 경업대(慶業臺)라고 부른다. 거기에 세워놓은 안내판에 의하면 임경업 장군이 무술을 연마하였다는 곳이다.

병자호란 및 명청(明淸) 교체의 와중에서 한반도를 비롯한 동북아 지역은 새로운 역학관계의 형성과 그에 따른 국가질서의 재편을 경험하게 된다. 그 변화무쌍한 분쟁의 시기에 명나라와 청나라 사이의 틈바구니를 비집고 들어가 조선의 입지를 확보하기 위한 외로운 사업을 전개하다가 명청은 물론 조선으로부터도 버림받은 비운의 장군이 임경업이다. 굴절된 그의 생애는 문무겸전의 탁절한 능력과 함께 선명한 대비를 이루며 후대인들의 뇌리에 깊숙이 각인되어 있다. 시대를 따라 내려올수록

민간에서는 더 많은 관심과 사랑을 받은 인물이 임경업 장군인 것이다.

그와 같은 사실은 우리 문학사의 흐름을 훑어보아도 여실히 드러난다. 1천여 종을 헤아리는 고소설 작품들 가운데 역사상 실재한 인물을 주인공으로 삼은 경우는 생각보다 많지 않다. 임경업 장군의 생애를 다룬 '임경업전(林慶業傳)'은 그 드문 예에 속하는 작품이다. 뿐 아니라 '임장군전'이라는 제목이 다른 이본이 있고 목판본 및 활자본과 함께 수십여 종의 필사본을 보유하고 있는 작품이 '임경업전'이다. 많은 사람들이 손에 들고 눈으로 보고 입으로 말하고 귀로 듣던 인기소설이었다는 뜻이다.

임경업 장군을 주인공으로 하는 설화 또한 어렵지 않게 찾아볼 수 있다. 태백산으로 사냥을 나갔다가 한 나그네를 만나 신묘한 검술을 배웠다는 이야기, 군사들을 거느리고 연평도에 머무르고 있을 때 바다 밑에서 솟는 담수를 퍼 올려 식수를 해결했다는 이야기, 양식이 떨어지자 가시나무를 바다 깊숙이 꽂아두고 나무에 걸린 조기떼를 건져 굶주림을 해결했다는 이야기 등등 여러 가지 에피소드가 합쳐져 임경업이라는 한 인물의 전설을 구성하고 있다. 사실과 관계없이 장군의 영웅적인 면면을 강조하고 있는 이야기들이다.

그렇지만 장군이 보유한 민간에서의 생명력으로는 아무래도 임경업 장군신을 으뜸 사례로 꼽아주어야 할 것 같다. 임경업 장군신은 서해안 일대의 어촌마을 곳곳에 지금도 남아 있는 여러 당집들의 주신으로 좌정하고 있다. 연평도를 비롯하여 강화도 외포리의 곶창당제, 안면도 황도리의 황도당제 등 서해안 일대의 당제나 풍어제에서는 예외 없이 임경업 장군신을 당신으로 모시고 있다. 마을사람들은 풍어와 무사귀환, 그리고 마을의 안녕을 기원하는 자리에서 장군의 숙원을 풀어주고 대신 장군의 권능에 의탁하여 장군의 힘과 지혜를 빌리는 것이다.

"원칙만 합의하면 뭐합니까? 제발 이번 회담에선 우리 바다에서 우리 꽃게를 다 쓸어가는 중국 어선을 막을 대책 좀 세워달라고 해요." 출어를 위해 연평도 선착장에 모여든 마을 어민들이 남북장성급회담을 앞두고 터뜨린 불만의 목소리들이다. 서해교전이 있은 지 두어 해, 이제 남북이 우발적인 무력충돌을 방지하자고 서로의 목소리를 낮추며 가다듬는 사이 남북한 힘의 공백지대가 된 꽃게의 황금어장으로 중국 어선들이 북방한계선(NLL)을 타고 몰려와 불법조업을 일삼고 있다는 소식이다.

십여 년 전의 일로 기억이 된다. 서해안 당제와 임경업 장군신을 다룬 연구 성과가 관련 학회에서 발표된 적이 있었다. 그때 학회에 참석하여 발표를 듣고 있었는데 문득 이런 생각이 머리를 스쳤다. 서해 바다를 배경으로 명나라 군사 및 청나라 군사들과 쫓고 쫓김을 되풀이한 장군이 어부들의 신으로 좌정하게 된 것도 결국은 어장 다툼 때문이 아니었겠는가? 조선시대를 살았던 어부들도 서해 먼 바다로 고기를 잡으러 나가면 중국의 고기잡이 어선들과 부딪치는 일이 안 일어나지는 않았을 것이다. 그러면 다툼이 벌어지고 그러면 중국과 각축을 벌인 임경업 장군을 찾아 그의 권능에 자신들의 삶을 의지하지 않았겠는가?

남북한 장성들의 만남에 한 가닥 기대를 걸고 있는 어부들의 심정을 십분 이해할 만하다. 남과 북이 힘을 합쳐 중국 어선들을 몰아내도 모자랄 판인데 남북한 당국자들은 고기잡이 일쯤은 안중에도 없으니 어부들 속이 타들어가지 않을 수 있겠는가? 가시나무를 꽂아 조기를 잡고 그래서 군사들의 양식을 해결했다는 임경업 장군의 영웅적인 행위는 이렇게 보면 과거에 끝난 일도 아니다. 그것은 현재도 진행 중인 일이며 허구의 이야기만도 아니다. 서해 바다 어부들이 지금도 겪고 있는 실제 이야기일 수 있는 것이다.

(2004)

잃어버린 고향

꼭 들어맞는 답변을 찾기가 곤란한 질문들이 몇 가지 있다. 예컨대 머리를 깎으러 이발소에 들렀을 때 이발사가 던지는 질문이 바로 그런 것이다. "얼마나 자를까요?" 앞뒤 머리카락이 길이가 다를 텐데 얼마만큼을 잘라 달라고 딱히 할 수도 없고, 그렇다고 앞은 얼마 뒤는 또 얼마 그렇게 나누어 대답을 할 수도 없는 노릇이다. 그래서 궁리 끝에 지금은 이런 식으로 대답을 대신한다. "한 달에 한 번씩 이발을 하지요."

고향이 어디냐는 질문도 사정이 이와 비슷하다. 국어사전은 자기가 나서 자란 고장, 또는 자기 조상이 여러 대 살아온 곳을 고향이라고 해놓고 있다. 두 개의 어긋나는 의미가 나란히 소개되어 있으니 누가 고향을 물어오면 더듬거리게 되는 것이다. 내 경우는 더욱 복잡하다. 태어난 곳과 자란 곳이 다르고 선대가 살아온 곳과는 또 다르기 때문이다. 일이 이쯤 되면 누가 고향을 물어봐도 어느 한 쪽을 꼭 집어서 대답을 할 수가 없는 것이다.

고향을 물어오는 경우가 최근에는 많이 줄어들었다. 과거와

달리 그것이 사람을 규정하는 방식으로 썩 유용한 편이 못 되기 때문이다. 태어난 곳과 자란 곳이 다르고 다시 선대의 탯자리까지 다 다르다 보니 고향에 대한 귀속의식이 자연 약해질 수밖에 없는 것이다. 당연한 일이다. 서울에서 대전까지 한 시간이면 오갈 수 있는 오늘날에 있어 고향은 그저 관념 속에서 존재하는 일종의 유물과도 같은 개념이 되어버렸다.

그러나 불과 한두 세대만 위로 올라가도 사정이 그렇지 않았다. 나서 자란 곳은 다시 그 선대가 나서 자란 곳이고 또 그 위의 선대가 나서 자란 곳이다. 그곳은 다시 그 선대가 뼈를 묻은 곳이고 또 그 위의 선대가 태를 묻은 곳이다. 신동엽 시인은 오래 전 백제를 찾는 자리에서 "우리 할아버지가 그 할아버지를 생각하듯 몇 번 안 가서 백제는 우리 엊그제, 그끄제에 있다."고 했다. 그 시절에 고향은 그렇게 오랜 시간을 흘러오면서도 변함이 없고 또 변하지 않는 곳이었다.

철이 들 만큼 나이를 먹게 되고 더군다나 옛날 문학을 뒤적거리며 세월을 보내다 보니 고향에 대한 생각도 나름대로 정리가 되어가는 것 같다. 물론 순전한 주관적 판단이기는 하지만 가끔씩 고향을 물어오는 사람이 있으면 나는 망설이지 않고 대답을 한다. 조상들이 살았고 또 조상들이 뼈를 묻은 선산(先山)이 있는 곳으로 정해 놓은 것이다. 땅과 사람의 관계를 따져볼 때 고향은 어느 한 개인이나 한 세대 혹은 어느 한 시기의 문제는 아닐 성싶기 때문이다.

그러나 고백하건대 내가 고향의 문제에 대하여 확고하게 판단이 선 것은 앞의 두 가지 사례들 때문만은 아니다. 그런 것들보다는 어떤 구체적인 계기와 맞물려 있다. 일 년에 서너 차례 정도 명절이거나 아니면 집안의 대소사가 있을 때 간신히 찾아가 얼굴을 내밀던 "조상이 여러 대 살아온" 그곳이 어느 날 나라에 수용된다는 소문이 퍼졌을 때, 그리고 얼마 안 가서 지형을 알아볼 수 없을 정도로 온통 주변이 파헤쳐졌을 때, 고향에 대한 뒤늦은 생각을 하게 된 것이다.

고향을 잃어버리고 나서야 뒤늦게 그런 생각을 했으니 철이 들자 망령 들었다고 해야 할 것인지……. 느닷없이 실향민이 되어버린 지금 그러나 더욱 억울하고 안타까운 일은 고향만큼이나 오래된 고향의 이름이 속절없이 사라져버리고 말았다는 사실이다. 불러주는 사람이 떠나면 이름도 따라서 떠나는 그것도 자연의 이치인가? 그리하여 오늘도 나는 이 허락된 지면 위에 다시 이렇게 끼적거려 둔다. "예, 나의 고향은 대전입니다. 대전에서도 어디냐 하면 진잠(鎭岑)입니다. 진잠이라고 하면 지금 대전의 어디인지는 알고 계시는지요?"

(2004)

기지시 줄다리기

민속에서 차지하는 농경의례의 비중은 대단히 크다. 농경의례로는 정월에 농사가 잘 되기를 바라며 행하는 기풍의례, 파종을 한 다음 그것들이 잘 자라주기를 바라는 성장의례, 그리고 그 해의 수확에 감사하고 다시 풍년이 들기를 기원하는 수확의례 등을 꼽을 수 있다. 신에게 제사를 드리는 엄숙한 전반부 의식과 신과 인간, 인간과 인간이 한데 어울리는 흥겨움 속의 후반부 놀이는 의례의 전형적인 절차로서 요즘 열리는 축제도 이와 비슷한 요소들을 간직하고 있다. 축제가 의례에서 비롯했다는 흔적들이다.

농경의례는 기본적인 구성이나 본질적 의미에 있어서 민족이 함께 하는 공통된 특질을 지니고 있다. 반면에, 세부적인 절차나 부수적인 기능 등 구체적인 사항에 있어서는 지역마다 다른 특질을 보여준다. 그것이 일반적인 현상이다. 지형과 풍토가 다르면 거기에 종속되는 삶의 방식이 달라지기 마련이고, 결과적으로 전승 내용도 각자의 삶과 형편에 따라 변형을 겪게 될 것이기 때문이다. 민속놀이에서 비중 있게 취급되는 향토성의 문제는 이러한 사실로부터 기인하는 바가 크다.

그러나 매년 개최되는 많은 지역축제들은 전통이나 연원을 진지하게 고려하지 못함은 물론 향토성도 제대로 부각하지 못하는 경우가 대부분이다. 시대가 다르고 삶의 방식이 변화된 현재의 시점에서 농경생활의 한 반영이라 할 민속의례나 놀이가 그대로 전승될 수는 없는 노릇이다. 그것이 바람직한 일도 아니다. 하지만 현재 열리고 있는 대다수의 지역축제는 민속유산을 온전히 계승하는 것도 아니고 또 제대로 전승하는 것도 아니라는 점에서 문제의 심각성이 있다. 전통을 잇는다는 이유로 형식적인 면에 치중하거나 반대로 현대인의 관심에 부합한다는 취지에서 쇼 프로그램이나 미인선발대회를 개최하는 것 등은 창조적이고 생산적인 계승 혹은 전승이라고 할 수 없는 일들이다.

어느 지역을 막론하고 모든 축제가 종합축제화하는 것도 심각한 문제다. 그렇게 된 데에는 축제의 기본 정신을 제대로 구현해내지 못한다는 사실에 보다 직접적인 이유가 있다. 지역축제의 문제점에 대해서는 행사 관계자나 관련 연구자들이 이미 기회 있을 때마다 누누이 제기한 바 있는데, 결국은 전통을 어떻게 계승하여 지금 그리고 여기에 어떻게 적용시키느냐 하는 점이 문제 해결의 관건이라고 하겠다. 그런 시각에서 충남 당진에서 열리고 있는 기지시 줄다리기는 지역축제의 바람직한 사례로서 널리 소개할 만하다.

올해에도 4월 1일 당제와 용왕제로 시작한 기지시 줄다리기는 4월 4일 국태민안과 마을의 안녕 및 풍년을 기원하는 것을 끝으로 일련의 축제행사를 마무리했다. 이미 지난 1982년에 국가중요무형문화재 제75호로 지정된 이 지역축제는 둘레가 1미터가 넘고 길이가 100여 미터에 이르는 줄다리기 줄 두 개를 마련하는 데에만 볏단 3만 개가 소요된다고 한다. 전체 줄의 무게만도 40여 톤이 넘는다고 하니 기지시 줄다리기는 우리가 흔히 생각하는 것과 같이 학교 운동회 자리에서 벌어지는 그런 식의 줄다리기와는 규모부터 다른 행사인 것이다.

더욱 놀라운 것은 줄다리기 행사의 참가자만 연인원 5천여 명에 육박한다는 사실이다. 이쯤 되면 그 지역 주민들은 누구라 할 것 없이 3월 한 달을 온통 줄다리기 줄을 만드는 데 힘을 쏟아부어야 한다. 계절을 바꿔가며 벌이는 주변의 지역축제들이 정작 주민들의 외면 속에 형식만 겨우 갖춰 그것도 관 주도로 진행되는 현실을 떠올린다면 기지시 줄다리기에 쏟아지는 주민들의 관심과 참여는 값진 것이라 아니할 수 없다. 한 가지 욕심을 부리면 줄다리기의 연원이나 전승에 대해서도 널리 알릴 수 있었으면 하는 점이다. 어느 전통에 기인하고 또 어떤 경로로 전해지고 있는지 주민들의 관심이 거기까지 이어진다면 축제의 흥겨움도 배가 될 것이다.

(2004)

그리운 금강산

남과 북 양쪽의 문학사에서 똑같이 높은 평가를 받고 있는 인물은 생각보다 많지 않다. 허균, 박지원, 정약용, 신채호 등이 우선 떠오르는 인물들이다. 남북의 문학사 서술이 같은 작가 같은 작품을 대상으로 한다는 점을 인정한다면 이채로운 현상이 아닐 수 없다. 여기에서도 역시 이념의 차이를 짐작하게 되는 것이다.

가사 문학의 대가로 알려진 송강 정철(鄭澈)도 그 중의 하나라면 하나일 수 있겠다. 그렇지만 동서분당의 주역인 그에게 북한 문학사가 높은 평가를 하고 나서는 것은 그 또한 이채로운 현상이 아닐 수 없다. 지배계급 내부의 진흙탕 개싸움이 벌어지면 늘 선봉을 차지했으며 연군지정(戀君之情)과 장진주사(將進酒辭)를 입에 달고 살아온 봉건 중에서도 아주 봉건적인 인물이 송강이 아니던가?

하지만 북한의 문학사가들이 주목한 점은 따로 있었다. 송강이 우리글을 사랑하고 또 국문시가의 창작에 깊은 관심을 가지고 있었다는 점을 높게 보았던 것이다. 특히 송강의 작품 '관동

별곡(關東別曲)'에 대해서는 금강산 일대의 아름다운 풍경을 생동하게 그려내면서 조국산천에 대한 사랑과 긍지를 표현했다고 힘주어 지적을 해놓았다.

송강의 우리말 구사가 탁월하고 그 표현과 비유가 진솔한 바는 더 말할 필요가 없거니와, 북측의 문학사가 고평까지 하고 나서는 데에는 금강산에 대한 그들의 자부가 한 몫으로 작용을 했겠구나 하는 판단이 든다. 예나 지금이나 남에서나 북에서나 금강산은 역시 금강산이기 때문이다.

책이나 사진 또는 문학작품 등을 통해 눈에 익혀둔 금강산이었으나 내게 있어 그것은 그리움의 대상은 아니었다. 겸재 정선(鄭敾)의 '금강전도'를 보고 난 후 한 번쯤 가보고 싶다는 생각을 갖게 된 것도 산을 찾아다니며 오르내리기 시작한 뒤의 일이었다. 그 전까지는 금강산 역시 내게는 여느 산과 다름없는 하나의 산에 지나지 않았다. 그 금강산을 일전에 다녀왔다.

금강산은 송강이 말한 것처럼 부용을 꽂은 듯하고 백옥을 묶은 듯하고 동해를 박찬 듯하고 북극을 괸 듯했다. 그리고 겸재가 그린 그대로 하늘로 솟은 허연 바위와 바위 비탈의 거무튀튀한 금강송이 어우러져 빽빽한 겨울의 실경을 연출하고 있었다. 하지만 내 가슴에 와 닿은 것은 그런 것들이 아니었다. 바위도 아니었고 나무도 아니었고 물도 땅도 하늘도 아니었다.

내 가슴에 와 닿은 것은 눈을 맞추고 웃음을 주고받는 북측의 안내원들이었다. 꾸밀 것도 없고 숨길 것도 없고 말을 하면 받아주고 궁금하면 물어오는 북쪽의 그 사람들이었다. 겸재의 그림 한 구석을 겨우 차지하고 보일 듯 말 듯 서 있는 인물들처럼 그들은 비껴 선 자리에서 어떤 기대와 소망을 금강의 풍광 안에 불어넣고 있었다. '그리운 금강산'은 그렇게 사람들이 만들어내고 있었다.

(2004)

신화 속의 고대사

백석의 시와 그리스신화를 연결 짓는 문제가 올해 수학능력시험에 출제되었다. 내 눈으로 직접 문제를 살펴보지 않아 무엇이 문제가 되었는지는 모르겠으되 정답을 두 개 인정하는 초유의 사태가 발생하는 바람에 한 동안 진통이 뒤따랐다. 불과 얼마 전 일이었다. 하지만 백석으로서는 그 덕에 확실하게 제 이름을 알릴 수 있었으니 뒤늦게 뜻밖의 행운이 찾아든 격이다.

정답이 두 개라서 그 만큼 틀린 학생이 줄어들었을 텐데 그런데도 틀렸다면 그것은 백석 때문이지 그리스신화 때문은 아닐 것이다. 최근 몇 년 사이 독서계를 강타한 그리스신화의 열풍을 떠올린다면 사리가 그러하다는 뜻이다. 백석과 함께 그가 풀어낸 북방의 토속어까지 일반의 관심사가 된 것이 출제 사고가 터진 요즘 말고 언제 또 있었는가 말이다.

그리스신화가 그처럼 인기를 누리게 된 문화 현상의 이면에 대해서는 솔직히 이해하지 못할 구석이 없지 않다. 서구 문명의 시원이자 한 정점인 그리스신화를 읽는 것 자체에 반대할 이유는 없을 것이다. 아니 그 어려운 이름들을 줄줄이 입에 올리는 나이 어린 학생들을 보면 남의 집 자식인데도 대견함이 앞서는 것이 사실이다.

그럼에도 불구하고 그와 같은 현상을 수상쩍게 바라보는 것은 무늬만의 세계화, 혹은 이국 취향의 지독한 편향성을 우려하고 있기 때문이다. 해모수(解慕漱), 유화(柳花), 하백(河伯), 주몽(朱蒙), 박혁거세(朴赫居世), 김수로(金首露), 탈해(脫解) 등등 단군(檀君)이나 웅녀(熊女) 말고도 우리가 내세울 수 있는 신화 속의 인물들은 많이 있다. 그런데 왜 하필이면 이들에 대해서는 모르고 있으며 알려고도 하지 않는지 그 이상한 현상이 못내 궁금한 것이다.

'삼국사기' 백제본기에 의하면 백제의 시조는 온조(溫祚)이고 온조의 부친은 주몽이다. 주몽이 북부여로부터 난을 피하여 졸본부여에 이르렀는데 졸본부여의 왕은 아들이 없고 딸만 셋이 있었다. 그러던 차 주몽을 보고는 둘째딸을 주었다. 그 후 왕이 죽자 주몽이 그 자리에 올라 두 아들을 낳으니 장자가 비류(沸流)이고 차자가 온조였다.

그런데 주몽이 북부여에서 낳은 아들 유리(琉璃)가 찾아와 태자의 지위를 차지하자 비류와 온조는 남쪽으로 길을 떠나게 된다. 둘은 한산에 이르러 땅을 살펴본 뒤 비류는 미추홀로 갔고 온조는 하남위례성에 남아 도읍을 정하고 국호를 십제(十濟)라고 했다. 어느 날 비류가 위례성에 와보니 인민들이 편하게 살고 있어 온조에게 자신의 백성들을 넘겼다. 다들 즐겁게 따르므로 국호를 백제(百濟)라고 했다. 백제신화의 내용을 간추리면 이렇다.

백제신화는 한민족의 원류가 따뜻한 곳을 찾아 남쪽으로 내려왔다는 일반적인 가설에 정확하게 부합한다. 백제신화는 비류 및 온조의 부계를 주몽으로 설정하고 고구려신화 및 부여신화는 다시 주몽을 해모수의 아들로 해모수는 또 천제(天帝)의 자식으로 각각 설정해놓고 있다. 부여에서 고구려를 거쳐 백제로 이어지는 거대한 신화의 이야기 흐름은 대륙에서 반도까지 한민족의 장구한 이동 경로를 선명하게 보여주는 구전자료다.

그런데 지금 중국에서는 '동북공정'이라는 이름 아래 고구려를 중국 변방의 소수민족이 세운 자국의 지방 정권쯤으로 폄하하고, 더 나아가 한국사에서 고구려를 떼어내는 작업을 하고 있다는 것이다. 기가 찰 노릇이다. 해모수, 주몽, 비류, 온조 등 우리 신화와 역사를 이끈 영웅들이 죄다 한꺼번에 날아갈 위기에 처했다.

백석이 한때 유랑의 삶을 걸쳐놓기도 한 중국의 동북지역은 2백만 명의 조선족 동포들이 살고 있는 땅이다. 전문가들은 한반도 유사시에 이 지역을 급격한 변화의 물결을 탈 수 있는 곳으로 지목하고 있다. 중국의 꿍꿍이에 뒤통수를 얻어맞은 기분이지만 이제라도 대응 논리를 마련하여 그와 같은 기도를 봉쇄해야 할 것이다. 뒤에서는 허물어지고 있는데 앞으로만 온 정신이 쏠려 있는 것 같아 그 점이 염려스러운 부분이다.

(2003)

판소리 중고제

한국을 대표하는 전통문화 중 하나인 판소리가 유네스코(UNESCO)의 인류 구전 및 무형 문화유산 걸작으로 선정되었다. 종묘제례 및 제례악에 이어 한국으로서는 이번이 두 번째 선정이라고 한다. 선정 자체가 당연하다는 생각이 앞서서 그렇겠지만 특별히 눈길을 끄는 소식은 아니었다.

그때는 마침 교수친목회 행사의 일환으로 가을 나들이를 겸해 충남 서천군 일대를 한 바퀴 둘러보는 날이었다. 춘장대에서 점심식사를 마치고 음식점 문을 나서는데 선배 교수님 한 분이 뒤쫓아 나오며 서천의 문화유산이랄까 유적에 관한 질문을 내게 했다.

그 물음에 고려 말엽 목은 이색(李穡) 선생의 본향이 이곳이고 선생을 배향한 문헌서원(文憲書院)이 여기 있다는 사실과 '관산융마(關山戎馬)'로 유명한 석북 신광수(申光洙), 그리고 근래에 와서는 '바라춤'의 신석초(申石艸) 시인이 이 지역 사람이라는 사실을 차례로 들어줬다. 그러다가 문득 아침에 본 신문기사가 떠올라 근대 판소리 5명창 중 두 분을 서천이 배출했다는 사실을 따로 짚어주었다.

대답을 듣고 난 교수님은 판소리 하면 으레 전라도라고 하는데 오늘 서천을 찾아와 뜻밖의 사실을 알게 되었다고 치하를 해주었다. 그랬다. 식민지 시절 우리 민족의 한을 노래로 풀어준 이동백(李東伯)과 김창룡(金昌龍) 두 명창이 똑같이 충청도 서천 태생이라는 사항은 오랫동안 묵혀두고 있는 나의 관심사항이었다.

'서편제'라는 영화 때문에 판소리에 대한 일반의 이해가 성큼 올라섰다고 해도 틀린 말이 아니다. 서편제와 함께 판소리에는 동편제라고 하는 또 다른 법제가 있다는 사실은 이제 상식의 수준이 되었다. 그러나 우리 판소리 역사는 이 두 가지 말고도 중고제라는 또 다른 법제가 있었다는 사실을 기억하고 있다. 바로 그 중고제가 충청도 및 경기도 어름에서 불리는 판소리였다고 하니 판소리와 충청도가 무관하지는 않은 것이다.

전승이 중단된 중고제를 두고 그 구체적인 사실까지야 당장에 확인할 수는 없는 노릇이다. 그러나 신소설 작가 이해조(李海朝)의 손을 거쳐 '토의간', '강상연', '연의각' 등 문자로 정착한 몇 편의 소설 속 사설들이 중고제일 가능성이 제기되었고 그 사설을 구술한 심정순(沈正淳)이 서산 출신이라는 또 하나의 사실에 이르게 되면 충청도의 지역성은 더 커진다. 더욱이 얼마 전 세상을 떠난 박동진(朴東鎭) 명창도 이 지역 공주 태생이 아니던가?

이쯤 되면 판소리와 충청도의 관계는 다시 생각해볼 여지가 많아진다. 말을 바꾸면 판소리가 전라도의 전유물은 아니라는 새로운 인식도 가능하다는 뜻이다. 동편제의 탯자리로 알려진 전라도 운봉의 비전마을에 가면 어르신들 말투에서부터 경상도 억양이 묻어나온다. 그 점에 주목하면 동편제도 경상도와 바로 이웃한 전라도 땅에서 생겨났다고 해야 더 정확한 말이 된다.

문화의 맥은 그리고 그 전통의 요체는 관심이라고 생각한다. 그러나 그날 서천 일대를 돌아다녔어도 듬성듬성 지나쳐서 그런지는 모르겠으나 이동백이나 김창룡 등 판소리 명창들의 자취는 눈에 띄지 않았다. 아쉬웠다. 그리하여 다시 이러한 생각을 가져보았다. 훌륭하게 만들어놓은 대전문화예술의 전당과 같은 공연장에서 정기적으로 판소리 공연을 무대에 올리면 어떨는지……. 좋은 일이 될 것 같다.

(2003)

■ 민 찬

서울대학교 및 동 대학원 졸업(문학박사)
현 대전대학교 국어국문창작학부 교수

『조선후기 우화소설연구』
『대한매일신보의 시가(전5권)』(공저)
『단재 신채호의 현대적 조명』(공편)
『소반 이야기』
『고전의 지평』
『김호연재의 한시 세계』
『한국개화기시가 독해주석사전(전6권)』(공저)

도청도설
길에서 듣고 지껄이다

2013년 8월 26일 초판1쇄 인쇄
2013년 9월 05일 초판1쇄 발행

지은이 | 민 찬
펴낸이 | 김 영 환
펴낸곳 | 도서출판 다운샘

138-857 서울특별시 송파구 오금동 48-8
전화 02) 449-9172 전송 02) 431-4151
E-mail : dusbook@naver.com
등록 제17-111호 (1993. 8. 26)

값 16,000원

ISBN 978-89-5817-282-6 03810